自治体と民主主義

日本地方自治学会編

敬文堂

〈目次〉

I　自治体と民主主義

1　日本の「民主主義」と沖縄

島袋　純
（琉球大学）

問題設定(1)

日本の地方自治の研究において八〇年代以降、多元主義的民主主義の理論枠組みが浸透し、それを前提として日本の事例を取り扱う研究論文や著作が増えた。九〇年代には、政党や選挙に関する政治改革が進むと同時政権交代が起こり、さらに大幅な地方分権改革が実現した。政権交代や分権改革はまた、日本の政治や日本の民主主義の発展を示しているという理解が受け入れられていたと言える。

しかしながら、二〇一二年の自民党の政権復帰以降、これまでの民主的な規範や手続は政権の挑戦を受け、大きく変容を見せてきた。報道の自由が大きく侵害され、議論をまともになされないまま安全保障に関する重要な法制度や基本政策が変更され、憲法がより形骸化されている。地方自治の分野においても、分権改革の成果を腐食させるような政府の動きが目に付く。沖縄に関して言えば特に安倍政権以降、政府の国策の強行が目に付く。

しかし沖縄に関しては、何も近年の政権の非民主的な動きが問題なのではない。戦後一貫して最も重要な沖縄に関する政治的決定は、日本の「民主主義」の外に置かれてきた。施政権の分離と返還の政治過程はその最たるものである。[2] このような歴史を有する府県は他にない。にもかかわらず、その中で形成された政治や制度を無視した形で、日本の政治や行政の一般論や一般原則を沖縄にも当然の前提として適用する考え方が大きな問題なのである。

二〇二二年は、沖縄の施政権が日本政府に返還されて以来五〇年の節目であった。メディアにおいて多くの特集が組まれ、その歴史的な意味を評価又は再検討する試みが多くみられた。しかし、表層的な印象をぬぐえず核心を突くものはそう多くない。

沖縄の施政権返還の条件は、沖縄の人々の意思を全く排除したまま日米両政府の合意のみで実質的に確定した。返還後の日本政府の沖縄統治は、この日米両政府で合意された返還の条件を実現することを第一の目的とするものでなければならなかった。一九六九年の沖縄返還交渉により確定した返還の条件は、在沖米軍に対して基地の恒久化と自由使用の特権を、返還前と同じレベルまで日本政府が保障することにあった。[3]

そのための仕組みが、「沖縄国会」と呼ばれた一九七一年末の国会において強行採決により法制化されていった。その最も大きな柱が、米軍が有無を言わさず住民から強制接収して基地とした土地を施政権返還後もそのまま使用できるとする「沖縄における公用地暫定使用法」であり、沖縄振興開発特別措置法を中心とする沖縄振興開発の制度であった。

沖縄の側では、このような仕組みとは全く異なる沖縄の未来像を描いていた。一九六八年に初めて公選により選ばれた屋良朝苗行政主席の下に沖縄全体の意思を集約した琉球政府建議書（七一年一一月）を策定し、日本政府に沖縄主体の自治と平和の推進を要求したのである。しかしながら日本政府は、沖縄抜きですでに形成されていた米国との合意を最優先することを沖縄の統治の基本としたのである。当然ながら琉球政府の要求は完全に無視され、その代わりに形作られたのが沖縄振興開発を名目とする統治の仕組みである。

日本政府が沖縄の振興開発の責任を負う、という名目が唱えられたが、沖縄県の総合計画に該当する沖縄振興開発計画の策定の責任、つまり権限が沖縄県ではなく日本政府にある集権的な仕組みである。米軍基地の整理縮小の問題ではなく、社会資本の整備を中心とする振興開発こそが最大の沖縄の課題であるとして集中的に予算が投下される仕組みであった。政治的な文脈で言い換えれば、社会資本の整備は、土木建設の公共事業が中心であり、公共事業を媒介とする日本の保守政治、すなわち利益還元政治に沖縄を組み込んでいくことになるものであった。

それによって沖縄の人々が強く望んだ基地の整理縮小（基地の恒久化の阻止）や地位協定改正（米軍の特権の縮小または撤廃）という最大の問題から関心を振興開発にすり替え、あるいは先送りにし米軍の基地と特権を固定化する体制が構築されてきた。

この体制の中心となる国庫補助金は、特定の事業について政策の質や量を政府が補助要綱で定めた水準に誘導する力を有する。補助率が高ければ高いほど、自治体にとっては一般財源から充当する自己負担が軽くなる。一割や二割しか自己負担しないで済む高率の補助事業は、当然、自治体が飛びつくほどの誘因力を持つ。沖縄振興関連の公共事業は高率補助であり、過度の公共事業偏重をもたらすほど大きく政策が誘導されてしまう。

しかし、問題は、自己負担を充当する一般財源も極めて脆弱である点にある。沖縄県の平均所得はほとんど全国最低であり、自治体の地方税を中心とする自主財源も全国最低水準である。となれば、基準財政収入額も全国最低レベルとなり、財源保障機能を持つ交付税交付金の給付額は、逆に全国最高水準になるはずである。池宮城秀正は、沖縄県において国庫補助金が増額する分、交付税交付金が減らされることを指摘し、国庫支出金と交付税交付金を合わせた国からの財政移転総額は、財政力類似県とほとんど変わらないことを明らかにしている(4)。つまり、類似県と比較して、国庫支出金が極めて大きく、自主財源と交付税交付金からなる一般財源がその分、小さくなっているのである。それは沖縄振興体制から生み出される構造的な問題ということができる(5)。

日本政府による沖縄統治のもとで沖縄の政治は、高率補助による利益還元政治と政治的機会主義によって翻弄されてきた。沖縄の要求が在沖米軍の基地恒久化や特権に抵触する場合は、決定から排除され多様な政府の資源の動員により抑え込まれていく仕組みである。それが復帰後五〇年間の実情である。

沖縄が整理縮小を要求しているのは、大田県政以来、一貫して在沖海兵隊とその基地である。嘉手納空軍基地の撤去を求めたことはない。日米安保にとって軍事的な要となるのは、航空優勢や海上優勢を確保するための空軍及び海軍の拠点基地であり、西太平洋各地を半年ごとに移動する海兵隊の必要性は低い。約一万五千人といわれる在沖海兵隊は、西太平洋の各地を移動する部隊であり、沖縄に固定、常駐の部隊ではない。防衛大臣を務めた森本敏や石破茂が明言したように、在沖海兵隊基地に関する問題も、軍事的な必要性の問題ではなく、日本の政治的な理由である(6)。つまり核心に日本の政治の問題があり、さらに端的に言えば民主主義の本質的な欠陥ということができる。果たして政治学・行政学・地方自治研究は、その欠陥を明らかにすることに貢献してきたのだろうか、それとも逆の役割を果たしてきたのだろうか。日本の「民主主義」は沖縄をどのように取り扱ってきたのだろうか。

一　「民主主義」とは

1　多元主義的民主主義論

多元主義的民主主義論は、米国の都市政治を研究対象とした地域権力論争において、いわゆる政治的エリート論など一元的な支配とする議論に対抗してロバート・A・ダール等によって提唱されたものとされている。多様な政治的争点について政治的決定に至るそれぞれの政治過程を実証的に調査し分析することにより、争点ごとに政治的影響力を持つアクターが異なり、多元的なアクターによって競合的な政治過程が営まれているとするアプローチである。

ところが日本の地方自治研究においては、戦後長い間ほとんど適用されることがなかった。このアプローチが日本の自治研究において有効であることを示した最初の最も重要な業績は、村松岐夫によるものである。

村松は、一九八〇年代までの日本の政治及び自治を分析する有力な論理的枠組みを、中央の政治においては官僚制主導であり、自治体においては中央行政によって縦割りに統制されるという「垂直的行政統制モデル」を基に分析していると批判した[7]。村松は、このモデルを中央においても地方においても政治家や利益集団の影響力を軽視しすぎていると批判し、その影響力に着目した「水平的多元的政治競争モデル」を提起した。日本の国政のみならず、中央地方関係、そして自治の現場において、多元的な民主的政治過程がすでに実現していると主張した。

垂直的行政統制モデルにおいて、国による自治体統制の根源として最初に挙げられたのは、機関委任事務制度である。機関委任事務は、国が一方的に特定の事務については自治体首長を国家行政の下位機関として、その指揮命令の元に置くものである。何を機関委任事務とするかについては、国の法律によって一方的に決められる。機関委任事務と指定された事務については、自治体議会の審議の対象とすらされないことになっていた。中央政府による自治体支配の最たる仕組みとして立論されてきた(8)。

しかし村松は、機関委任事務についても、中央地方の行政関係だけではなく、現実の政治的要素（首長や議員、利益集団の政治的影響）を検証すれば、そこに自治体の政治過程が反映されていることが分かるという。したがって、機関委任事務という制度の存在が垂直的行政統制モデルを実証しないという(9)。

以降、日本の政治過程の多元主義的民主主義論に基づく実証的な研究は飛躍的に増えていき、日本の政治学において多大な貢献をなしてきたと言えるであろう。さらには地方自治の分野においても、自治体内の具体的な争点を取り扱い多元主義的な政治過程を実証分析する研究が格段に増大し学術的貢献をなしてきたと言える。しかし、このような多元主義論は、大きな問題を抱えている。その問題は、特に沖縄の自治を対象とするときに非常にいびつな形で現れる。このような問題点については後述する。

2　自由主義的民主主義

戦後日本において、自治の議論において欠かせないのが、松下圭一である。代表作である『市民自治の憲法理論』（岩波新書、一九七五年）は、国家の存在が個々の主権者の権利に優先される国家法人説による憲法解釈からの大転換を迫り、人々の自由と権利から政府が創造される姿を描いた。人権保障という自由主義的な価値の実現を民主主義の目的とした松下の議論は、特に市民本位の自治への理論構築と実際の転換に多大な影響を与えた。さらに二〇〇〇年の地方自治法の大改正は、松下の社会契約説に

図　日本国憲法の世界観

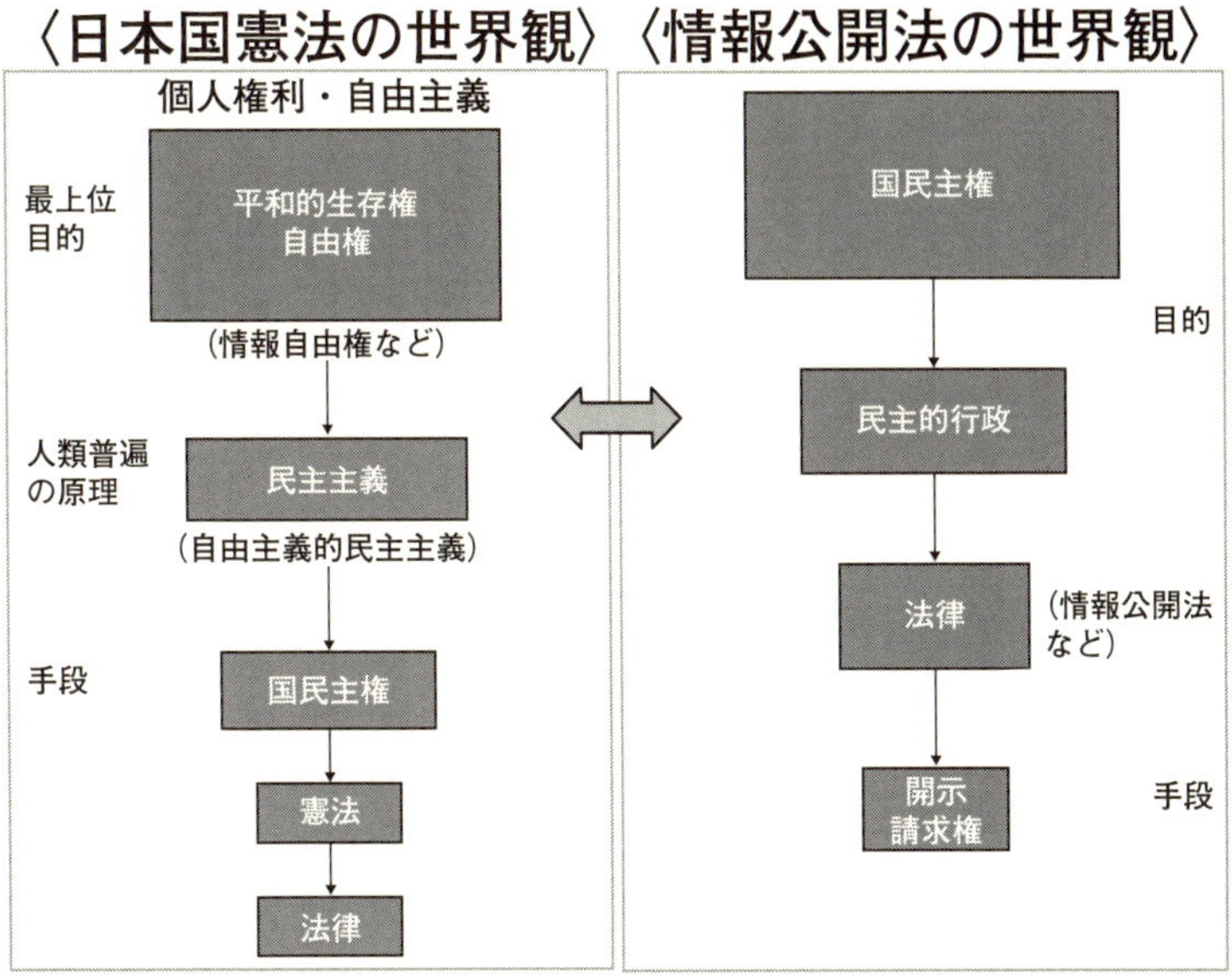

（出典）金井利之『行政学講義―日本官僚制を解剖する―』ちくま新書2018年、95頁。

基づく複数信託説が大きな影響を与えたと言われている。ここでは、松下の自由主義的民主主義の重要な論点を継承発展させていると思われる金井利之と新藤宗之を通して確認したい。

金井利之は、『行政学講義―日本官僚制を解剖する―』（ちくま新書、二〇一八年）において、松下が主張してきた憲法観を「日本国憲法の世界観」として描き出している[10]。上記の図のように、戦後日本において政府が採用してきた国家法人説的な世界観（図表の右側）との対比で、日本国憲法の自由主義的民主主義による世界観を示していると言える。そこでは、自由権と平和的生存権が人類の普遍的かつ最高の価値であり、民主主義はそれを実現するための普遍的原理であり、国民主権や憲法、法律は、その実現手段に位置づけられる。

「法の支配」とは何か分かるように図式化されて説明されている。具体的に情報の自由権について例示しているが、自由権は国家以前からの権利であり、国民主権の上位の価値、憲法の上位、法律の上位にある存在である。後述するように、「情報の自由」特に権力に関する情報が自由にかつ十分に市民に提供されることは、最上位の目的でありさらには民主主義が成立するための前提条件であり、憲法や法律もその目的を実現する手段である。

図右側の情報公開法の世界観が示すような国家主義的な憲法解釈によると、情報の自由は開示請求権という、国の法律制定によってはじめて市民に与えられる権利にまで貶められる。それは、「法律による支配」であって「法の支配」ではない。法律による支配では自由権の確立のための政策領域が、多数派の立法により大きく左右されることになる。

情報の自由に端的に示されるように、このような自由権の領域を国家の介入から防ぎ、多数派の意思に左右されない自律的な空間とすることが民主主義の成立にとって何よりも重要となる。

松下は、民主主義を市民による永久革命だとしたが、そのことがより分かりやすいのは新藤宗之による主権者教育批判である。新藤は、文科省及び総務省による主権者教育教材に対して、政治や選挙の制度の説明、模擬的な政策形成や政策評価を含む投票、つまり、政治的な決定過程に参加する能力の育成、が中心であって主権者としての教育に必要不可欠な点が欠けていると批判した。[11]『主権者教育を問う』（岩波ブックレット、二〇一六年六月）における新藤の主張を要約すると次のようになる。

①現代民主制を特徴づけるのは、国家と個人、権力と自由の二項対立。国家、社会はアプリオリ（先験的）に存在するのではない。

②「権力からの自由」は、個人が自由に行動しうる政治的空間を一定のルールによって外的抑圧から

保障される法の支配、この政治空間における個人の市民的自由としての個人自治、政治空間が侵害されたときに抵抗する権利「抵抗権」から構成され、それが基本前提で「権力への自由」「参政権」行使の保障がある（市民的自治の憲法保障）。

③権力が個人の自由を侵害する法や予算を作るならばそれに抵抗する権利がある。このことを教えずに、制度の教育や模擬投票を行っても有権者であることの意義を学んだことにならない[12]。

当然ながら、民主的な政治的空間の成立に欠かせないのは、情報の自由が保障されていることと、誰も排除しないという公開性及び包摂性である。斎藤純一は、公開性を公共的空間が成立する重要な要素と指摘し、「国家活動がつねに『公開性』を拒もうとする強い傾向を持つ[13]」と述べている。情報へのアクセスが権力の都合の良いように制限され、また特定の人々が排除される場合は、当然ながら民主的な政治空間は成立しない。したがって、右の三つの要件に加え次の二点を自由主義的な民主主義の政治空間の形成に欠かせないものとして加えることができる。

④情報の自由が確立していること、特に権力に関する情報が自由かつ十分に提供されることであり、それが権力によりゆがめられるならば市民的自由も個人自治も抵抗の権利も保障されることはない。

⑤このような空間から誰も排除されないことが民主的で公共的な空間として不可欠である[14]。

権力は常に個人の自由を侵害する可能性がある。また、その人権侵害は、特定の人々を政治的決定過程から制度的あるいは非制度的に恒常的に排除する政治構造を作り出すことによって固定化されることもある。民主的に選出された形成された多数派であったとしても、特定の少数派を排除し、個人の自由を侵害する法律や予算を作ることは頻繁に起こりうるのである。それに十分に対抗するため、情報の自由を含めた市民的な権利の保障と、抵抗する権利（抵抗を学ぶ権利を含めて）が保障されない限り、民主政治の主体は存在しがたく、民主主義と法の支配は成立しない。多数決に委ねられないそのような、自由で排除されない政治空間の成立や法の支配の確立に関する民主政治を構成する土台が存在するのである。松下そして金井、新藤、さらには後述する今井もまた、この、自由主義的民主主義とその核心にある法の支配の実現を日本の重要な課題だと捉えている。

権力からの自由に関する人権保障の領域には、逮捕監禁からの自由、思想良心の自由等々、集会結社の自由、報道の自由等がある。情報の自由もそのうちに含まれ、不可侵の自由と言われた古典的な自由権の領域は民主政治を構成する土台や基盤となる領域である。しかし、個々人の生活や安全、生存そのものに関わる分野にも、多数決に委ねられることができない他の権利や生存権に関連する人権保障の領域がある。

例えば、生活保護費による生存権保障の領域である。二〇一八年、安倍政権は選挙公約に沿うもので国民の信任を得ているとして法律を改正し生活保護費の縮小を行った。それに対して、国連人権機関は、人権侵害に該当するとして再三改善を要求した(15)。申惠丰によると、何が健康で文化的な最低限度の生活水準かは、その時代、その社会である程度客観的に決定できるもので、それからかけ離れた保護費を設定することは、法律で決められる限界を超え、憲法違反になるという。生活保護法は「被保護者は、正当な理由がなければ、既に決定された保護を、不利益に変更されることがない」と規定する(生活保護法56条)(16)。生活保護費は、権利に基づく請求であり、たとえ選挙公約に揚げ国民の支持を得たという民主的正統性をもってしても、多数派が法律を改正し削減することは、法の支配の逸脱である。

3　地方分権改革―法の支配による民主的政府間関係の構築

今井照が指摘するように法の支配を中央地方関係においても貫徹させていくことは、第一次分権改革の中心的目的であった[17]。法の支配は、中央政府とその権力行使にのみ求められるのではなく、中央地方関係にも求められ、また、地方政府の政治行政過程に求められるものとなった。分権改革の眼目は、国や自治体の事務を可能な限り明白に分離し、中央地方にわたる事務については責任分担を法令に根拠づけて構築することであった。中央の後見的な立場を一掃して、法令の明白な根拠のない行政的統制を禁止した。地方の側にとっては、法令による根拠のない中央の統制に対して地方側の忖度による従属を禁止するものである。

今井照は、新型コロナウイルス感染症対策の問題性を法の支配の観点から実証的な研究によって明らかにした。政権が「日本モデル」と称して推し進めたこの対策は、法令の根拠なき事務の押し付けと非制度的な行政統制、自治体の忖度を大きな特徴としており、それが現場の大いなる混乱と不適切な対応という大きな問題を引き起こし、住民の生命と安全の保障を大きく損なっていることを立証した。そして、次のような指摘を行っている。少し長くなるが引用する。

『権力』の乱用は権限の配分による相互作用によって抑止される。三権分立も地方自治もそうしたシステムの一部である。このシステムは『法の支配』によって成り立っている。だからこそ、国家統治機構において法的強制を介しない支配（『忖度』）は許されないのである。それは政治的支配、経済的支配、人の支配につながり、『権力』の抑止作用が実効的に機能しないことにつながる。二〇〇〇年分権改革は国と自治体との関係において、こうした構造を改革することをねらいとしていた。直接的には市民自治を実効的に機能させることによって、自治体単位での市民権の保障、すなわち生命と安全を保障[18]」することにある。

自治体もまた住民から直接に権力の信託を受けた政府と考えられる。その目的は住民の自由権及び生存権の保障である。改正地方自治法において目指された中央と地方の対等で協力し合う関係というのは、人権保障のための政府の多層的な構造といってもよい。人権保障のために対等でかつ協力し合う関係でなければならない。

最も重要な改革は、首長を国の下部機関とする機関委任事務の廃止であり、半数以上の事務が自治事務に変えられ、残された事務も自治体が国から明白な法律の根拠に基づいて受託するという法定受託事務に変えられた。

繰り返しになるが法の支配を実現するのは国の政府だけではなく、自治体の役割でもある。自治体は自治体独自の判断で人権保障に責任を負う。多層的な権力機構が相互に法の支配を実質化し人権保障を推進するために協力し合うことが目指されたのである。

4　多元主義的民主主義論の問題性

多元主義的な民主主義のアプローチは、そもそも、どのような主体や集団が政治的決定に影響力を行使しているのかについて多様な争点を実証的に検証するというものである。民主的な政治的空間の成立や人権保障の実現の領域は、多元主義的な政治過程に入る以前にその基盤となる領域であるが、その領域に関わる問題でさえも政治的争点として、多元主義的な民主主義論のアプローチを適用していくことになる。そうするとかえって民主主義の成立する政治的空間の意義を喪失させ、人権保障を後退させていくことに貢献することになりうる。問題点を明らかにしたい。

(1)民主的な政治空間の成立の問題

多元的民主主義の議論は、あまりにもアプリオリに情報の自由（知る権利、報道の自由、表現の自由、集会の自由、政府情報へのアクセス等）が当然日本において十分に保障されているとしすぎている。金井の示した図で理解できるように、日本政府の有する情報公開法の世界観では、情報の自由は憲法を上回る最高の目的ではなく、情報開示請求権として法律によってはじめて国民に与えられる権利である。法律による支配の手段と化している。

報道の自由もまた法律によって与えられた制限可能な権利と見ている。実際に安倍政権の下で多くの報道番組が放送法を根拠にして実質的に介入を受けた。国連の情報の自由に関する特別報告者は、日本政府と報道関係者や日弁連、市民団体等への聞き取り調査や書簡による調査に基づいて報告書を提出し、その中で、前記の報道への権力的介入をはじめ、原発に関わる不当な情報、記者クラブ制度や文科省の教科書検定など日本の情報の自由の問題を明らかにして改善を求めている。この報告書では、沖縄の問題にも触れ、基地建設に対する抵抗運動の平和的集会の自由に関する侵害について懸念を表し改善を求めている[19]。

また、自由権規約委員会など国連の人権システムは、日本政府の沖縄における基地建設について、事前の十分な情報提供と自由意思に基づく同意の原則（Free, Prior Informed Consent）が守られていないことを指摘し改善を求めている[20]。

国境なき記者団による日本の報道の自由の国際的な評価では、近年では七〇位程度となっている[21]。情報の自由が十分に保障されないような政治においては、民主的な合意形成が著しくゆがめられ「民主的な政治空間」の構築も不可能である。

表現の自由が保障されることについても注意を払う必要がある。国連恣意的拘禁作業部会は、基地建設の抗議活動の先頭に立つ山城博治を「人権の擁護者」とし、その逮捕を不当なものと判断し日本政府に救済と権利侵害の補償を行うように求めている。日本政府はそのすべてを無視している[22]。つまり、民主的政治空間の成立に欠かせない要件である、情報の自由と「個人が自由に行動しうる政治的空間を一定のルールによって外的抑圧から保障される法の支配」が成立しているとはいいがたい状況にある。

さらには、沖縄の重要な問題に関する日本の政治過程からの沖縄排除が構造化、制度化されている問題も深刻である。自由主義的民主主義を否定する政治空間となっている。そのような中で多元主義的民主主義のアプローチによる争点の実証は多くの政治的問題を隠蔽することになりうる。

(2)「潜在的利益集団」による非争点化の説明

多元的民主主義においては、争点化されない政治的争点、潜在的な争点は、「潜在的利益集団」という概念によって説明される。政治はあくまで個人及び集団の利害関心に基づいて、利益集団が組織化され政治的影響力を発揮するものとされる。本来、すべての争点にはそれに結びつく個人や集団の利害関心があり、顕在化することが可能であると想定される。利害関心の大きさ（あるいは潜在的な大きさ）が政治的な行動の根拠であり、それが大きくなれば利益集団としての組織化が行われ、政治的影響力を持ち、争点が顕在化されることになる。逆に利害関心が小さければ利益集団は組織化されず、争点は顕在化されにくいという理解になる。

一例として、先述した生活保護費の給付減額の問題をあげる。多元主義的民主主義のアプローチで捉えるとすれば、減額されることによって生じる利害関心が大きくなれば争点が顕在化し、利益集団が生まれ、野党やメディアを巻き込んで減額に対抗する政治的影響力が生まれる。仮にそれが生まれてこず政治的争点にならない、という場合は利害関心がそこまで大きくならないからと解釈される。こうして生活保護費の減額も多元主義的な政治過程を経た民主的な決定とされかねないのである。

しかし、生活保護費の減額については、本来、多元主義的民主主義に基づく決定に委ねられるべき問題ではない。法の支配の問題であり、権力分立に基づく司法の介入は、人権保障の観点から、多数決による政治的決定の是正を実現させる拘束力を本来持つ。

多数決によって決めることは許されない人権保障の領域があるのである。メディアにも取り上げられない、組織化すらありえない絶対的な少数者の人権の問題がある。法の支配や立憲主義を貫徹するには、このような人権の問題については、普遍的な人権の価値からそれを政治的な問題とし政策を作っていく必要がある。そうなっていない政策は、司法が是正を求める。それが司法の重要な役割である。司法は多元主義的な民主主義の主体の一つではない。多元主義的な政治的決定過程から超越した存在として法の支配を実現することに直接貢献するとされるものである。

二　戦後日本の民主化と沖縄の施政権分離

1　日本の政治空間からの沖縄の排除

(1) 憲法制定過程からの沖縄の排除

琉球列島の住民は、太平洋戦争の戦前戦後も原則は日本本土の人々と同じ日本法の下に置かれた日本国籍者であった。ところが、沖縄戦が近づくと、第32軍が当時の法体系を無視して、何の法的な根拠もなくあたかも戒厳令に基づく軍政のよう沖縄県民を軍の組織や作戦に組み込み動員する。米軍が沖縄を占領し直接軍政を敷くことになると、日本政府は沖縄に住む沖縄の人々に対する権利保障を放棄するようになる。

憲法学者の古関彰一は、日本国憲法制定から講和条約締結時の沖縄に対する国会及び政府の取り扱いについて、憲法の正当性そのものを崩していくような根源的な問題だと指摘している[23]。古関は、一九四五年一二月の帝国議会議事録等から、「政府が沖縄県民の選挙権停止という重大な事態をＧＨＱの威を借りて事実上無視した」と立証している[24]。戦後憲法は日本の主権者を日本の人民（Japanese People）としているが、その日本の主権者たる人民から沖縄を意図的に排除したわけである。古関はさらに、憲法学者も報道も以降、ずっとこの問題をまったくとりあげることなく、沖縄の憲法制定過程からの除外、憲法適用の除外を日本の憲法問題の根幹として取り上げることがなかったと述べている。

⑵サンフランシスコ講和条約の締結における沖縄の排除

サンフランシスコ講和条約の最大の問題点は、憲法制定議会から沖縄の代表を排除し、国政からも排除して、沖縄の人々を決して代表していない日本政府と国会がなぜ、沖縄の施政権、あるいは沖縄の政治的地位に対する条約の締結権及び批准権を持つのか、という問題である。したがって、沖縄の施政権の分離を最終的に確定したサンフランシスコ講和条約三条は、その有効性も大きな疑問が残る。

憲法95条の地域特別法の規定は、法律によってその地域の人々だけに特別に、不利に押し付けられることがないように拒否権を与えるものとされる。条約は日本の法体系においては法律に同等とされ、直接法的な効力を持つものとされる。ならば、琉球列島の米国による支配には、琉球列島の住民の憲法95条に基づく住民投票が必要である。そのような住民投票ができないというならば、施政権分離の条約の締結もできるはずがない。このような議論もまた憲法学・政治学においては、近年までほぼ皆無であった。

米軍占領下にあったために住民投票ができず、それゆえ仕方のない措置だったとみる向きもあるかもしれないが、そのような理屈は通じない。一九六二年及び一九六五年の参議院全国区において、沖縄の著名な政治家が立候補しており、得票は法的に確定している。また、一九七〇年、米軍支配下において、沖縄選挙区が設けられ国政選挙が実現している。時期は異なるが米軍支配下にあった時代であることには変わりない。日本政府や与党に国民投票を実現する気がなく、また日本の研究者やメディアもそれを問題として取り上げることすらなかったとしか言いようがない㉕。

2　沖縄返還協定の合意形成過程からの沖縄の排除

(1)「政治的理由」で沖縄に移動させられた海兵隊

沖縄が一九九五年以来、米軍基地問題における最大の課題とし、新しい基地の建設を認めず撤退を要求しているのは、海兵隊の基地についてである。在沖海兵隊については、沖縄県議会の自民党から共産党を含む全会派で撤退要求がたびたび出されている。海兵隊は、軍事的理由によって沖縄に集中させられたわけではない。富士演習場及び各務原飛行場等から五〇年代中盤から後半にかけて、政治的理由によって移設されたものである。

その政治的理由とは、六〇年安保の改正を前に、米軍基地の負担を軽減して反米的な世論を和らげ、国民に受け入れさせることであり、そのために日米安保条約の適用除外の地であり米軍の直接支配地である沖縄に海兵隊基地を移設集中させた。このことは元防衛大臣及び幹事長の石破茂が二〇一八年の自民党総裁選においても明言している[26]。その後海兵隊による伊江島や辺野古等新規の土地の強制的な接収と事件事故の多発により、沖縄の人々の権利は大きく蹂躙され続けることになる。

(2)秘密交渉による返還条件確定

沖縄返還の条件は、一九六九年、佐藤栄作総理の特使若泉敬と米国防総省外交官モートン・ハルペリンの間の秘密交渉でほぼ確定し同年末の共同宣言に盛り込まれ、七一年に締結された返還協定において規定された。その条件は、原則として沖縄の施政権返還前と同じ特権を米軍は保持することであり、具体的には米軍基地の恒久的な存続とその排他的な管理権及び自由使用、さらには民間地上空や海域など広大な訓練域の継続的使用であった。米側はその特権の獲得のために核兵器の撤去を交換条件として示したのである。ハルペリンは、沖縄における米軍基地の恒久的な存続と特権を獲得することこそ米国の目的であり、それを勝ち得た返還交渉は、米国の外交上の勝利であると自賛している[27]。

沖縄の人々の生活に関わる最重要事項であるにもかかわらず、施政権返還の交渉過程及び締結過程において、沖縄の人々の意思は徹底的に排除された。返還協定の締結は、七一年六月であるが、その後、在沖米軍基地の恒久化という協定の条件を実現するために沖縄にしか適用されない、多数の法律が制定される。特に「沖縄における公用地暫定使用法」は地主から強制接収した軍用地の返還を阻止するものである。このような「沖縄」という固有名詞が付された地域特別法も憲法95条の住民投票に付すことなく沖縄の人々の意思を排除したまま成立し沖縄だけに適用されていく。

立川基地の拡張を阻止した砂川闘争において私有地の強制接収は実質不可能となり、日本本土の米軍基地において契約に応じない地主の土地に対する強制接収の事例は一九六〇年以降、皆無である。強制収用のための代理署名手続は、沖縄以外の日本の米軍基地には現在存在しない。

日本本土において、戦後憲法の導入と見せかけの民主主義を享受する中で、沖縄は、憲法制定過程からも適用からも排除され、沖縄の地位や重要な政治的決定に関する政治過程からも徹底的に沖縄は排除され、その問題は非争点化され続けてきたのである。その排除によって沖縄への米軍基地の集中が行われたのであり、軍事的必要性や軍事的合理性では説明できない。ましてや政策の全国的統一性の必要性から正当化できるものでもない。

三　争点化させない権力、争点と認識さえさせない権力

1　沖縄の米軍基地の問題をめぐる非決定の構造

(1)非決定の権力と代理署名手続

非決定の権力とは、ある政治的争点を政治的アリーナに上がってくる前に政治的決定の場に持ち込ませない権力である。戦後沖縄の場合は、沖縄に関する重要な政治的な決定の場において沖縄の意思はことごとく排除されてきた。復帰後の体制も基本的には同じである。基地問題の争点化が不可能となる仕組みが入念に巧妙に構築されてきた。その一つが機関委任事務とされた非契約地主の土地に関する調書の首長による代理署名である。

(2)大田県政と代理署名手続の再編

復帰後、非契約地主の土地の強制収用において、代理署名手続が導入された。この機関委任事務は、基地問題の国政における非争点化の仕組みとなっていた。一九九二年、最初の任期の二年目であった大田昌秀知事は、知事の支援団体であった反戦地主会が代理署名及び公告・縦覧代行の拒否を要求したにも関わらず、代行応諾した。その理由は、沖縄振興開発のための政策推進のためと弁明している。(28)もし

仮に拒否した場合、沖縄振興開発予算が確保できなくなることを恐れたわけである。

こうして沖縄の自治体内で土地の強制収用という政治的争点は、首長の代理署名手続の応諾で終焉し、国政の基地維持政策にはなんら影響も及ぼすことなく、したがって国政の争点になることなどなく、封じ込められてきた。代理署名という機関委任事務の受諾や拒否と沖縄関係予算の増減が、制度として直結しているわけでない。しかし、基地の拒否又は容認と沖縄振興の予算の増減が関連しているという言説は、自民党の幹部や沖縄担当大臣が毎年予算編成の時期や重要選挙になると脅しのように持ち出してきた。そのような状況にあって機関委任事務の拒否を貫き、国政の争点に持ち込むことは沖縄の自治体にとって極めて困難であった。

一九九五年夏の米海兵隊員等による少女暴行事件が起こり、それに抗議する大規模な県民大会が開催されると、そこで知事は代理署名拒否を宣言し、基地から派生する被害に憤った沖縄の人々の熱烈な支持が形成された。さらにそれは翌年の県民投票によって民主的正統性に裏打ちされた。知事は代理署名の拒否宣言から一年近く、拒否を継続し続け、国政の争点になっていくのである。

その点を捉えれば代理署名問題の非争点化は、多元的民主主義の議論の文脈で考えることができないわけではない。実際、一九九五年の知事による代理署名拒否の宣言の背景には、沖縄の基地問題に関する関心が全国レベルで大きくなり、本土メディアも沖縄に対して同情的な報道が多く、それゆえ国政の争点として顕在化したという状況があった。

これによって、政府は定められた期間までに一部の土地につき強制収用の手続を進めることができず、使用の法的根拠を失う。「法律による支配」もできない状況になったのである。こうして日米安保条約を根幹とする国の政策が揺らぎ、ほんの束の間であるが国政の争点となっていくのである。ここで、日本政府が法的な手続ができなかった基地内の土地について、地主に返還していたとすれば、多元主義的民主主義のアプローチが沖縄の政治に対しても当てはまるということができたであろう。

しかし、この事態を強引に解決するため国はつぎつぎと法制度改革の手を打ち、非契約地主の土地の強制収用について、自治体の関与を排除し、国政の争点にならないような形を作っていった。それが代理署名手続の国直轄事務への改変である。二〇〇〇年の地方自治法の改正に伴う機関委任事務の廃止において、多くが自治事務化され、残された事務もほぼすべてが法定受託事務化された。しかし、代理署名手続は、逆に集権化され、沖縄の自治体の関与や多元主義的民主主義の過程が一切排除された国直轄事務の制度となったのである。決定への沖縄の参加を排除する制度、すなわち非争点化の制度が再編強化されたのである(29)。

2　沖縄の米軍基地問題をゆがめる研究・教育

(1)三次元的権力観でみる沖縄

先述した通り、憲法制定過程、サンフランシスコ講和条約の締結、沖縄返還協定の交渉という沖縄に関する極めて重要な政治的決定から、沖縄を排除してきたことについて、憲法学、政治学等々の日本の研究者でこれを問題として的確に批判してきたものは極めて少ない。少ないどころか、むしろこの問題の本質を隠蔽し、すり替え、問題を問題として認識させないことに貢献してきた。政権与党や政府は当然ながら、司法、経済界並び報道そして学、つまり多くの研究者までもが、米国に頼る安全保障上の利益のために沖縄に過度に集中される不利益を黙殺しあるいは正統化してきた。スティーヴン・ルークスは三次元的権力(30)、すなわち、争点を争点だと認識すらさせない権力が、沖縄の問題についての国民の認識に大きな影響力を与えてきた。それは研究教育や報道においてみることができる。
古関が厳しく批判したように、憲法学者も報道も敗戦後の日本の国政から沖縄が排除されてきたことを問題視することができず黙殺してきた。後述するが政治学もまた、同様の問題を抱えてきたのである。さらに問題は、このような研究や報道の影響を受ける教育である。社会科や政治学の教科書では沖縄の基地問題について、国政で問われるべき政治的争点として考えることができないように作りこまれてきた。教科書の記述を元に具体的に明らかにする。

⑵高校教科書の戦後沖縄の記述

小中高校の歴史教科書は、文科省による検定という権力的介入が強化されているが、その分野に精通した研究者・教育者が執筆するものでもある。ここでは、沖縄で最も使用されている帝国書院の高校現代社会の教科書における沖縄についての記述を取り上げたい。

「第二次世界大戦中の一九四五年四月、アメリカ軍は沖縄本島に上陸し、多くの住民を巻き込み、約三ヶ月に及ぶ地上戦が繰り広げられた。この戦闘で、住民、兵士あわせて二〇万人以上が亡くなった。沖縄は、戦後アメリカ統治が続き、沖縄が日本に復帰したのは七二年であった。

アメリカ軍が日本に基地をおくことを定めたのが、一九五一年の日米安全保障条約（安保条約、六〇年改定）である。この同盟を実効性のあるものにするために、日本全国にアメリカ軍施設や、自衛隊との共同使用施設がある。ところが、日本国内でのアメリカ軍施設の設置には、かたよりがあり、約七四％が日本全土に対して〇・六％の面積しかない沖縄県に存在する。沖縄県が東南アジアに近く、また朝鮮半島もカバーできる対応距離にある地理的な要衝であることが大きな理由である。」(31)

沖縄の米軍統治になったことに対する日本の関与、日本の国政から沖縄の排除がまったく記述されていない。排除されたがゆえに、憲法・安保条約が適用されず、適用されないがために米軍基地が集中されたにもかかわらず、一九五一年の日米安保条約があたかも当時から沖縄に適用されていて、同盟を実効性あるものとするという軍事地理的な理由によって、基地が集中せざるをえなくなっているというように書かれている。繰り返すが、沖縄に基地が集中しているのは、日本国憲法も安保条約も沖縄には適用されなかったからである。だからこそ、憲法や安保条約によって日本本土には置けなかった一三〇〇発の核兵器を沖縄に置けたのである。事実を都合の良いようにつなぎ合わせて、論理としては沖縄の歴史を隠蔽し、日本の一般論を適用し、沖縄の基地の集中が軍事的な理由で正当化できるように書かれている。

さらに、基地容認の理由として経済的利益の部分を拡大して記述し、三〇〇〇億円の振興資金がまるで純増予算のように書かれている。三〇〇〇億円が基地の引き換えの純増で沖縄に手渡されているという報道はあまりに多い(32)が、それらと同様の主張を行う内容となっている。そして新基地建設反対を唱えること自体が国際的にも国内の政治においても理不尽であり、かつ経済的利益、軍事的利益を損なうことのように続いている。軍事基地の建設を合理的かつ正統なものと認識させ、反対を非合理で不当なものだという認識に導く記述としか読めない。

(3)大学の教科書による多元主義的民主主義と沖縄

大学の政治学教科書には、さらに、問題となる記述がある。政治学教科書において最もよく普及しているものとして北山俊哉他『はじめて出会う政治学』有斐閣（初版：一九九七、第三版：二〇〇九）がある。その第五章が地方自治の章であり、水平的政治競争モデル、多元主的民主主義の枠組みに基づく日本の政治や自治へのアプローチが展開されている。機関委任事務についても、自治体の政治が無視できなかった保育園設置に関する機関委任事務を取り上げ、多元的民主主義の元にあることが主張されている[33]。

しかし、沖縄の意思が排除され、決定から排除される沖縄の機関委任事務訴訟については、多元主義的民主主義は否定され政府の側に正統性があるという記述となっている。多元的民主主義では到底説明ができないがゆえに、別の論理を組み立てて説明を行っている。

まず、機関委任事務の知事による拒否を作り話で説明する。パスポート発行事務について宮崎県知事が「宮崎をどげんかせんといかん」から県民は外国に行っている場合ではない、とんでもない理由で拒否しているという事例を紹介し、その後どういう手続がとられるか、職務執行命令によって代執行がなされるまで裁判所の介入の元に慎重な手続によって、日本政府は代執行が可能となるとしている。あたかも政府権力の直接行使の前には適正手続が用意されているかのように説明されているが、肝心なその正統化の理由は「全国的統一性」である。この教科書の受講生のみならず、使用する教員もまた、機関委任事務の拒否は、理由にならないような理由でなされる場合があり、「全国的統一性」を根拠に慎重な手続を踏めば、政府は強制執行や代執行ができるし、それが望ましい、という認識枠組みを刷り込むことになる。

そして、その直後に沖縄における米軍基地問題における代理署名手続を取り上げ、パスポート発行拒否と同じく「全国的統一性」を保障するため、政府は機関委任事務の執行命令を出した、としている[34]。代理署名拒否は沖縄の戦後史や権利の闘争史の上にあるにも関わらずその歴史を隠蔽して、沖縄の首長が拒否する理由についてはまったく触れていない。この教科書の機関委任の強制を正統化する理由の記述を次に示す。

「日本に駐留しているアメリカ軍は、土地所有者と契約した上で、基地用地の大部分を使用している。しかし、すべての土地について土地所有者との間で合意が得られているわけではない。そうした土地については特別な法律に基づいてアメリカ軍は使用してきた。(35)」この一般論が、沖縄にも適用されるというわけである。しかし、この特別な法律は、現実には沖縄でしか適用されていない。日本本土の米軍基地は、ほとんど旧日本軍の軍用地であり、砂川闘争で強制収用を試みたが挫折し、以来強制収用もない。

そもそも、沖縄の基地の大半は、沖縄の人々には何の権利もないとして、地権者との契約もなしに民間地を強制接収して作られた。日本本土とは全く異なる。それは憲法も安保条約も適用されない米軍が直接支配する地域だったから可能であった。一九七二年以降、はじめて日本政府が軍用地主との土地の賃貸契約を結び、米軍に提供するという形が作られたがそれを定めたのは、沖縄における公用地暫定使用法をはじめ、すべて実質的に沖縄にしか適用されない特別法である。

パスポート発行は旅券法という「一般法」に基づき、人権の平等、法の下の平等を根拠として全国どこでも誰でも同じ手続、同じ条件で発行されているし、発行されなければならない。このような平等性こそが人権保障である。それと同時に、全国民が享受できる制度として人権保障と両立する「公益」でもある。手続の全国民に対する全国統一性が具体的な公益となる。そして執行命令や代執行は「法の支配」による権利の回復となる。

米軍用地強制収用の特別の法律は、「そうした土地については特別な法律に基づいてアメリカ軍は使用してきた(36)」と述べているが、特定の地域の特定の人々の権利（土地の権利、契約の自由）を、公益の立証もなく侵害できるようにすることこそが目的であり、人権の保障とまったく両立できない。パスポート発行の例とは性質がまったく異なる機関委任事務である。また沖縄の人々だけに適用される差別立法である。その差別性を完全に隠蔽している。

米軍用地に関する代理署名事務は、公益性の具体的な根拠を示すことなく土地所有者の権利の侵害を政府が強制できる事務の一部となっている。沖縄の首長が土地所有者の権利を守るため、代理署名という機関委任事務を拒否している、ということである。人権と法の支配を、機関委任事務を拒否する首長が守る形になっている。パスポートの発行の例とは全く異なる。

多元主義的民主主義の議論は、民主政治の土台となる情報の自由が保障され、誰も排除されない政治的空間が存在していることを何の疑問もなくアプリオリに前提としている。そのため、そのような空間を構築するための政治、つまり法の支配や人権保障に関連する民主政の土台となる領域の問題は取り扱うことができず、無視してしまうところに最大の問題がある。多元主義的な民主主義が実現されていない、政府による構造的で強権的な支配が顕著である領域について、政府を批判することもできず、逆にその支配を「全国的統一性」という論理を用いて正当化しようとするのである。

したがって、沖縄こそが政治的問題として取り上げる必要もない理不尽な要求をしているとされ、それは教育の現場においてそして報道において、そしてそのような教育を受けた多くの人々の沖縄に関する認識の、もはや根幹をなすものとなっていると言える。政治的な問題として認識さえさせない、ルークスのいう三次元的権力として機能している。

結論

近現代日本の中で沖縄の政治的位置づけを考察する上で欠かせない重要な歴史的事実と、その意味を今回は割愛せざるを得なかったので一言だけ言及しておく。沖縄の問題の根源は、一八七九年の「琉球処分」にある。琉球国は、琉米修好条約、琉蘭修好条約及び琉仏修好条約を結びすでに欧米中心に成立していた近代国際関係において国際的な約束事を実現する国家に準ずる主体として認められていた。日本が国際法の根拠なく強制的に併合し、琉球の人民の自決権をはく奪し基本的な権利を奪い内国植民地としたことが、現在に至る深刻で多様な問題の起点にある。[37] 自決権をはく奪された地域と人々であることを無視して議論していくことも非常に大きな問題を含んでいるものである。今回はこの問題に直接触れることはできなかったが、戦後の日本の政治過程から沖縄の人々の意思を排除する取り扱いについてもこの問題が通底していると言える。

戦後の日本の政治は、沖縄の取り扱いについて、米国の軍事的な要求を盾にあるいは隠れ蓑にした沖縄に対する極めて差別的な決定と排除の仕組みを強要してきた。それについては、戦後初の総選挙から沖縄を排除した国会での議論が出発点である。古関彰一が指摘するようにどの憲法学者もメディアもそれを問題化することができずに放置してきた。高校や大学の教科書における記述は、沖縄の歴史を葬り去り、日本の一般論によってすり替え、沖縄の問題の理解をゆがめるというさらに大きな問題がある。

政治学の世界においては、多元主義的民主主義が日本においても実現しており、中央地方関係においても中央政府による集権的な統制はなく、また個々の自治体内の政治においても多元的な主体が争点ごとに多様な影響力を発揮し、集権的と言われた制度を乗り越えてきたという議論がある。しかしながら、そのアプローチには、多元主義的決定だけでは正当化されない人権保障の領域があること、それを実現するのはその領域の存在を認め人権を政治が実現すべき最上位の価値とする「法の支配」を確立することが求められること、誰も排除されない自由な政治的空間が必要である、という理解が欠落している。

仮に自治体の政治的要求を中央政府が拒否し、中央による統制を強制するとするならば、それは、人権を最上位の価値とする法の支配に基づく観点から、地方の要求ではなく、中央の介入こそがより人権を保障するものということが明白な場合にのみ正当化される。沖縄の基地に関する現実の日本の政治には、基地の過剰な集中で侵害される沖縄の人々の権利保障を求める切実な要求を受容する領域はない。ここにこそ日本の民主主義の問題がある。端的にそれがあらわれているのが米軍基地に関する機関委任事務や法定受託事務である。

北村等の多元主義的民主主義の政治学教科書では、機関委任事務を、地域の実情を反映さざるを得ない多元的民主主義と両立しうるものだと捉える一方、沖縄の人々の意思や要求を全く否定する機関委任事務の強制は、多元的民主主義が実現している状態とは到底主張することができず、今度はパスポートの発行と同じ「全国的統一性」の必要があるという理由を持ち出し、全国的統一性を担う国策にこそ正統性があるかのように述べている。

しかし、この主張には大きな問題がある。日本本土では特別法による民間地の強制収用はわずかな例をのぞきほとんどないが、沖縄においては米軍が直接住民の土地を強奪することによって巨大な基地を建設してきた歴史がある。住民の人権を否定して建設され使用されてきた米軍基地である。そのような特殊沖縄の戦後の歴史を完全に隠蔽して、日本全国であたかも同じことが行われてきたかのように記述し「全国的統一性」を持ち出してきている。しかし、現実に決定から沖縄を排除して制度化された沖縄だけへの差別的な強制であり法の支配を逸脱する問題であることを完全に無視している。その後の代理署名手続から沖縄の自治体の関与を排除する法制度の改変も述べられていない。

「全国的な統一性」は、人権を最上位の価値とする法の支配の実現と矛盾することなく逆に法の支配をより実現するものでなくてはならない。法の支配に基づいて機関委任事務や法的受託事務の正統性が問われるべきである。しかし、そのような問い立てを見つけることはできない。

本質は日本の政治において法の支配が確立できないという問題であり、排除なき民主的な合意形成さえできないという問題である。しかし、高校や大学の授業によって、沖縄の要求の方に正統性も合理性もなく理不尽であり、国策こそが正しいという判断を刷り込まれている。沖縄の基地反対運動に対する嫌悪感を生み出す根拠とすらなる。民主政治は、自由主義的民主主義の基盤に基づく政治的空間なくして成り立たないが、その認識はまったく育たず、共有されることもない。民主政治の基盤となる政治的空間は破壊され続ける。それが日本の民主主義の今、ではないだろうか。

注

（1）本稿は、二〇二二年一一月二二日の日本地方自治学会の共通論題において「日本の民主主義と地方自治」の関係を再考する場が設定され、返還五〇年を迎えた沖縄を焦点として報告する機会をいただき提出した原稿を基に執筆したものである。

（2）憲法制定過程における沖縄の排除については、古関彰一「沖縄にとっての日本国憲法」『法律時報』第68巻12号一九九六年、一二頁～一五頁及び、古関彰一・豊下楢彦『沖縄　憲法なき戦後―講和条約三条と日本の安全保障―』三陽社、二〇一八年、三七頁～四〇頁を参照。サンフランシスコ講和条約締結における沖縄の排除については、佐藤学「憲法95条とサンフランシスコ講和条約に関する政治学的一考察」『沖縄法学』第50号沖縄国際大学二〇二二年、二三頁～三〇頁を参照。

（3）返還の条件を定めた一九六九年沖縄返還の日米政府の秘密交渉については、若泉敬『他策ナカリシヲ信ゼムト欲ス』文藝春秋、一九九四年を参照。また、日米双方の返還交渉に関与した担当者の証言は、NHK番組に

収録され公開されている。以下を参照、
https://www.nhk.jp/p/special/ts/2NY2QQLPM3/blog/bl/pneAjJR3gn/bp/p8PVq6DVKj/（二〇二三年八月二〇日最終閲覧）。

（4）沖縄県の財政構造については、池宮城秀正「沖縄県財政に対する誤解を糺す」（1）～（5）『ミネルヴァ通信』二〇一九年六月号～一〇月号を参照、特に国庫補助金が大きくその分交付税交付金が低く抑えられている点については、同（5）一〇月号、四頁～七頁。

（5）沖縄振興体制の構造的問題については、沖縄自治構想会議（島袋純・佐藤学・星野英一その他）『沖縄エンパワーメント―沖縄振興と自治の新たな構想―』二〇一八年六月、
https://okijichi.blogspot.com/2018/06/pdf.html（二〇二三年八月三〇日最終閲覧）を参照せよ。

（6）在沖米海兵隊及びその基地の軍事的な必要性の有無については、佐藤学・屋良朝博編著『沖縄の基地の間違ったうわさ』（岩波ブックレット二〇一七年）に分かりやすく解説されている。歴代の防衛大臣にも、軍事的な理由ではなく政治的な理由で沖縄に配備されていることを明言しているものがいる。森本敏は、防衛大臣であった当時会見において「軍事的には沖縄でなくても良いが、政治的に考えると沖縄がつまり最適の地域である」と発言している（琉球新報二〇一二年一二月二六日付）。石破茂元防衛大臣も沖縄に海兵隊基地が集中しているのは政治的理由であると明言している（沖縄タイムス二〇一八年九月一三日付）。

（7）村松岐夫「中央地方関係に関する新理論の模索―水平的政治競争モデルについて―」（上）『自治研究』60（1）一九八四年一月、三頁～一八頁及び同（下）『自治研究』60（2）一九八四年二月、三頁～一五頁。

（8）村松岐夫前掲論文（上）、四頁。

（9）村松岐夫前掲論文（上）、七頁。また北山俊哉等は、機関委任事務であった保育園の設置に関する事務など、選挙で選ばれる首長は、住民の実情や要求を無視するわけにはいかず、自治体は住民のニーズを満たす努力を行って中央に働きかけ、また国も自治体も柔軟に政策に反映してきたことをあげ、実務の中で地方自治が

事実上保障されていたという例を挙げている。北山俊哉・久米郁男・真渕勝『はじめて出会う政治学』（第三版）有斐閣、二〇〇九年、八三頁。

（19）金井利之『行政学講義─日本官僚制を解剖する─』ちくま新書、二〇一八年、九二頁〜九七頁。

（11）新藤宗幸『主権者教育を問う』岩波ブックレット、二〇一六年六月。

（12）前掲書、一三頁。

（13）斎藤純一『公共性』岩波書店、二〇〇一年、x頁。

（14）前掲書、x頁及び九頁〜一〇頁を参照。

（15）国連高等弁務官事務所二〇一八年五月二四日プレスリリース：https://www.ohchr.org/en/press-releases/2018/05/japan-benefit-cuts-threaten-social-protection-poor-un-rights-experts-warn?LangID=E&NewsID=23124（二〇二三年八月三〇日最終閲覧）。

（16）申惠丰「日本は国連の『社会権規約』違反」（『現代の理論』http://www.gendairoriron.jp/vol.16/feature/f05.php（二〇二三年八月三〇日最終閲覧）。

（17）今井照「新型コロナウイルス感染症対策と地方自治─「日本モデル」と法の支配─」『自治総研』第46巻、二〇二〇年七月、一頁〜四四頁。

（18）前掲論文、三九頁。

（19）A/HRC/35/22/Add.1: Report of the Special Rapporteur on the promotion and protection of the right to freedom of opinion and expression on his mission to Japan - Note by the Secretariat.

（20）CCPR/C/JPN/CO/6, 20 August 2014.

（21）国連恣意的拘禁作業部会の準司法的な判断（Opinion）は、以下に掲載。A/HRC/WGAD/2018/55. 報告した記事は日本経済新聞二〇二二年五月三日付を参照。

（22）朝日新聞二〇二三年五月三日付。山城博治は二〇一六年の逮捕時、沖縄平和運動センター議長。

(23) 古関彰一前掲論文及び古関彰一・豊下楢彦前掲書を参照。
(24) 古関彰一前掲論文、一二頁。
(25) 佐藤学前掲論文を参照。
(26) 沖縄タイムス二〇一八年九月一三日付。
(27) この段落の内容は、米国防省の沖縄返還担当者であったモートン・ハルペリンの証言を参考にしている。核兵器の撤去を条件に秘密裏の交渉で在沖基地の恒久化と自由使用を勝ち取ったことについて、ハルペリンは米外交上の勝利であったと強調している。沖縄返還交渉の米側キーパーソンの一人〔戦後史証言プロジェクト　日本人は何をめざしてきたのか〕(NHK戦争証言アーカイブス二〇一三年六月五日収録) https://www2.nhk.or.jp/archives/movies/?id=D0001810028_00000 (二〇二三年八月三〇日最終閲覧)。
(28) 琉球新報二〇二二年二月七日付。
(29) 島袋純『沖縄振興体制を問う―自治の破壊と再生―』法律文化社、二〇一四年を参照。
(30) スティーヴン・ルークス著中島吉弘訳『現代権力論批判』未来社、一九九五年を参照。
(31) 帝国書院『新現代社会』(高校用) 二〇一七年度) から一部抜粋。
(32) 例えば、読売新聞西部朝刊二〇一七年五月一六付。
(33) 北山俊哉他前掲書、七七頁～九三頁。
(34) 前掲書、八二頁。
(35) 前掲書、八一頁。
(36) 前掲書、八一頁。
(37) 阿部浩己「人権の国際的保障が変える沖縄」島袋純・阿部浩己編著『沖縄が問う日本の安全保障』岩波書店二〇一五年、二六一頁～二六三頁。

(しまぶくろ　じゅん・行政学)

2　民意と住民投票条例

藤島光雄
（大阪経済法科大学）

はじめに[1]

日本国憲法は、「日本国民は、正当に選挙された国会における代表者を通じて行動し……主権が国民に存することを宣言し……その権力は国民の代表者がこれを行使し」（前文）、「主権の存する日本国民」（一条）と規定し、国民主権を宣言する一方で、国会を構成する「両議院は、全国民を代表する選挙された議員で、これを組織する」（四三条一項）として、代表（間接）民主制をとることを明示している。

さらに日本国憲法は第八章に「地方自治」という独立の章を設け、九三条一項で議会の設置を定め、同条二項で長及び議員の直接選挙を規定していることから、憲法は地方政府についても代表民主制を採用したと考えられている。

一方で、戦後の地方自治制度の大きな特徴の一つとして、政治に対する住民の参加が大幅に認められたことがあげられる。その程度の著しいものが、直接請求の制度であり、その中でも、もっとも直接民主主義的であるとされるのが、住民投票制度である。

現行法制度のもとでは、選挙で選ばれた首長なり議員は、住民の代表として、民意を反映したものであることが期待されている。しかしながら、近年、選挙の投票率が低下する一方で、しばしば民意とかけ離れた政治運営が行われているとしか思えないような事例が数多くみられるようになってきた。こうした中で、シングル・イシューの政策決定に当たり、住民投票の実施を求める運動や住民からのリコール運動も行われるなど、民意と政治の乖離現象が見られる。

本稿では、こうした戦後の地方自治制度の制度的疲労現象とでもいうべき状況が顕在化するなかで、代表民主制を補完するための制度の一つとして、住民投票制度の導入に関して検討を加えることを目的としている。

一　間接民主主義の機能不全〜民意との乖離

イギリスの政治家ブライスは、その著『近代民主政治』(2)のなかで、「デモクラシーは本来、投票によってその主権の意思を表示する全国民の支配以上の、或は以下の何ものをも意味しないのである」、「地方自治は、民主主義の源泉であるだけでなく、学校である」と論じ、自治体の政治を住民の意思と責任において行うとともに、地方自治は住民が民主主義の精神とルールを学ぶ学校であると述べている。民主主義の実現を目指す日本国憲法は、国民主権を宣言し、地方の政治を原則的には代表民主制によりながらも、それを補完するために、直接民主制の一つの方式として直接請求制度を定めたのである。

戦後地方自治法は、日本国憲法と同じく、昭和二二年五月三日に施行され、条例の制定又は改廃の請求（七四条、以下「条例の制定改廃請求」という。）、事務監査の請求（七五条）、議会の解散請求（七六条)、議員や長などの解職請求(八〇～八一条)といった四種類の直接請求の制度が設けられた。その直接請求の件数は、地方自治法施行後一〇年間に、計一〇五七件(内条例の制定改廃請求が九三件)、その後の一〇年間では、六五二件(同三二五件)、五七二件(同三四八件)と全体的には減少傾向にあるものの、条例の制定改廃請求だけは増加してきており、近年においてもその傾向が続いている。(3)

こうした中、国政レベルにおいては、二〇〇五年の郵政民営化を争点とした総選挙をはじめ、都道府県レベルでは滋賀県において新幹線新駅の廃止・継続が争点となった県知事選挙が、市レベルでは米軍空母艦載機移転問題や公立病院の廃止・民間委託が争点となる市長選挙が、町レベルでは合併の是非や小学校校舎の改築・保存が争点となる町長選挙が行われるなど、近年個別政策をめぐる選挙が相次いでいる。

一方で、シングル・イシューの判断が住民の意思とかけ離れたことによるリコールが、本来の機能とは別の形で利用される状況が生じており、(4)今や個別の政策決定においてさえ、住民の声を無視して地方行政を行うことはできなくなりつつある。地方分権改革以降、特に地方自治・住民自治を進めるために、住民参加・住民主体のまちづくりといったスローガンのもと、多くの自治体において各種の政策が実施されてきたが、これまでの制度・考え方は、あくまでも行政への住民参加であり、行政が主体の域を出ていない。

こうした中で、二〇〇〇(平成一二)年、「地方分権の推進を図るための関係法律の整備等に関する法律」(いわゆる地方分権一括法)が施行されて以降、地方分権改革が進む中で、地方自治の仕組みが大きく変わろうとしているのであり、自分たちの自治体のあるべき姿・自治のかたちを条例化しようとする傾向が続いており、自治基本条例やまちづくり基本条例の制定に取り組む自治体が多く見られ、(5)そのなかで、住民投票の規定が多く盛り込まれてきている。

1　投票率の低下

一口に「民意」といっても、その定義は困難である。広辞苑（第七版、岩波書店）では、民意とは、「人民の意思」とあるが、民意を問う方法としては、選挙をあげることができる。世論調査も一つの方法であると言えるが、現行法制度下では、選挙を通じて行われることになる。

しかしながら、直接選挙で選ばれたとしても最近の投票率の低下傾向が著しく、とても民意を代表しているとは言えない状況下にある。これまでの選挙における最低投票率（二〇二三年八月六日現在）は、

・衆議院議員総選挙

二〇一四年第四九回選挙　五二・六六％

・参議院議員選挙

一九九五年参議院議員選挙（補選を除く）　四四・五二％

一九九一年参議院議員埼玉県選挙区補欠選挙　一七・八〇％

・都道府県知事選挙

二〇二三年埼玉県知事選挙　二三・七六％

・政令指定都市市長選挙

一九七九年京都市長選挙　一六・一三％

・その他の選挙

二〇一〇年東広島市議会議員補欠選挙　八・八二％

であり、しかも、当選者の得票率は、当然のことながらこれよりも更に低いのである。(6)
このように、有権者の過半数にも達しない得票数で選ばれた首長や議員が有権者の代表だとしても、果たして真にいわゆる民意を代表しているといえるのであろうか。

2　政策決定過程への住民参加～投票結果は白紙委任ではない

近年、生活様式が多様化し、これまでと違い支持政党、支持議員と支持者が、個別の政策で対立したり、時には、別の政党や別の議員の政策の方を支持するといった事態が散見されるようになってきた。(7)このため、基本的にはある政党を支持するにしても、個別の政策課題によっては、主権者として政策決定に関与を求めるといった姿勢が、政党政治からの脱却、イデオロギーの多様化とあいまって、ひろがりを見せてきているのである。たとえ首長や議員が直接選挙で選ばれたとしても、任期中のすべての政策に対して白紙委任をしたわけではないのである。一つの政策をとってみた場合、住民の意見と首長や議会の判断とに齟齬をきたすことが往々にしてみられ、時にはそれが命取りとなり、首長の解職や議会の解散要求につながる事態になるなど、議会の機能不全を挙げることができる。

本来議会は、行政の活動をチェックし、多様な住民の意見や要望を汲み上げ集約して、自治体の政策や活動に反映されるような機能を期待されているにもかかわらず、十分にその機能を果たしていないことにある。(8)議会を通して自らの主張を政策に反映できないと感じた住民が、議会をバイパスして、直接自治体の政策決定に参加できるような制度を求めるようになってきたのである。(9)

3　政策決定への住民参加

(1)民意が尊重された事例・大阪府守口市と門真市の合併の是非を問う住民投票

いわゆる「平成の大合併」では、市町村合併に関して、多くの住民投票が実施されたが[10]、ここではその中の民意が尊重された典型的な事例をあげる。

大阪府守口市と門真市の合併の是非を問う住民投票では、門真市では投票率三八・五八％で、投票成立要件の五〇％に届かず不成立で開票されなかったが、守口市では投票率五〇・六四％で、かろうじて成立し、開票された。

当日の守口市の投票資格者数は一一万八五二三人で、投票者数六万〇〇三〇人のうち、合併反対が五万一八七八票、賛成が七五六五票で、反対が率にして八六・四％で、賛成の実に六・八六倍であった。

この結果は、直前の市長選挙で当選した市長の得票数に比して、反対票はその二倍以上を獲得、市議会議員選挙に至っては、定数三〇名分の当選した市議会議員の総得票と変わりないのである。

●直前の市長選挙の投票率とその得票（二〇〇三年九月七日実施）

投票率は三六・三三％で、得票結果は一万九九二五票、今回の合併反対票はその二・六〇倍にもなる。

●直前の市議会議員選挙の投票率とその得票（二〇〇三年四月二七日実施）

投票率は五〇・八四％で、当選議員三〇名分の総得票は五万四九五一票で、今回の合併反対票とそれほど大差はない。

このように、住民投票が実施された日の直前の選挙で選ばれた市長の投票率、得票いずれをとっても、合併をめぐる住民投票結果である合併反対票には及ばなかったのである。この結果、当初合併協議会は対等合併し、「守口門真市」とすることを決めていたが、条例では市長や市議会は投票結果を尊重することを明記していたため、合併は不成立となった。

⑵民意と乖離した事例・滋賀県安土町と近江八幡市との合併を巡る事例

ここでは、町長・議会の判断と民意が乖離して、合併に至ったことを示す典型的な一例を挙げる。

安土町では、隣接する近江八幡市との合併の協議が進められるなか、住民団体は二〇〇九年二月二七日、民意を確かめるよう住民投票条例の制定を求める運動を進め、法定必要数（五〇分の一）を大きく超える四〇一五名（約四〇％）の署名による直接請求を行った。これに対し、津村孝司町長と合併推進派は、「住民投票は必要ない」と民意を確かめることを拒否してこれを否決し、合併を進めてきた。

そこで、このようなやり方は許されないと、住民団体は、町の有権者の四二％に当たる四二〇九人の署名を集め、町長の解職を請求し、リコールが成立。ところが、その審査期間中である五月三一日に、近江八幡市、安土町は、合併協定書に調印。そのうえリコールの住民投票が実施される前の七月一六日、滋賀県議会は「近江八幡市・安土町の廃置分合の承認を求める議案」を賛成多数で可決、実質的に合併は成立した。

その後八月二三日に町長解職の賛否を問う住民投票が実施され、圧倒的な差を付けて合併推進派の津村町長のリコールが成立した。前町長の失職を受けて行われた安土町の出直し町長選挙は一〇月四日投開票され、合併反対の住民パワーをバックに選挙戦を戦った大林宏氏が、初当選を果たした。その後大林町長は、選挙の公約どおり、臨時議会に、近江八幡市との合併の賛否を問う住民投票条例案を上程したが、議会で過半数を占める合併賛成派が「住民投票実施は町の混乱を深めるだけ」と条例案に反対。四対五で否決した。

これを受け、合併推進派前町長のリコール運動を主導した住民団体は、今度は町議会の解散を求め、一一月二四日、三八五二人の署名を集め、町選挙管理委員会に提出し、町議会の解散の賛否を問う住民投票が行われた。その結果、解散賛成が過半数を占め、リコールが成立した。その後、平成二二年三月一四日に町議会議員選挙が行われ、合併反対派が過半数の六名（定数一〇名）を獲得し、民意は合併反対であるということがさらに明らかとなった。

三月一六日新しい町議会は、合併の停止を求める決議案を五対四の賛成多数で可決した。しかし、三月二一日に新設合併により近江八幡市となり、安土町は実質的に消滅した。[11] この間経費の面でも、町長リコールの住民投票（六一〇万円）、出直し町長選挙（五八三万円）、議会リコールの住民投票（六六二万円）、出直し議員選挙（約七〇〇万円）と多額の税金が使われている。

このように合併の是非について民意を無視して行われたことが、こういった事態を引き起こし、多額の経費を使い、しかも問題を複雑化、長期化させているのである。仮に住民投票を実施し、民意をきちっと把握して政策決定を行えば、これだけの混乱を起こすことはなかったかもしれない。[12] しかも、こういった事例は、何も安土町だけに限ったことではない。古くは、逗子市や巻町等も、同じような経過をたどっており、特殊な例とはいえない状況を呈しており、明らかに現行地方自治制度の制度的疲労現象が現れているといっても過言ではあるまい。[13]

二　現行法制度下での住民投票制度

わが国では、現行法令上、住民投票に付することが制度として定められているものとしては、一の地方公共団体のみに適用される特別法制定の住民投票（憲法九五条）、議会の解散請求（地方自治法七六条）、議員の解職請求（同八〇条）、長の解職請求（同八一条）、市町村の合併の特例に関する法律（以下「合併特例法」という。）四条一〇項及び一一項の規定による合併協議会設置に関する住民発議・住民投票制度、大都市地域における特別区の設置に関する法律七条の規定による住民投票がある。

しかしながら、基本的には日本の地方自治制度において住民投票制度はなく、住民投票を行うには、各自治体が住民投票条例を制定し、これに基づき実施するしか方法がないのが現状である。もっとも、過去には、

1　地方自治法上は、条例で特に定める重要な財産・営造物の独占的な利益付与や独占的な使用許可についての住民投票制度（昭和二三年から昭和三九年、旧地方自治法二一三条）や戦時中の強制合併市町村の分離の住民投票制度（昭和二三年から二年間）

2　個別法では、自治体警察の廃止（昭和二六年から昭和二九年、旧警察法四〇条の三）、市町村の境界変更（昭和三一年新設、旧市町村建設促進法二七条）についての住民投票制度等があった[14]。

アメリカの住民投票制度として、イニシアティブ（Initiative）、レファレンダム（Referendum）、リコール（Recall）があるが、イニシアティブ、レファレンダムは、日本の住民投票が請求権に止まるのに対し、有権者による「直接立法」を意味するものである。

イニシアティブとは、条例などの制定を一定の法定数の有権者によって請願し、それが受理されて、一般選挙、または特別選挙に際して投票が行われ、否決されたり、可決されたりすることで、議会が拒んでいる条例案等を有権者が直接立法できるところにその意義がある。

これに対して、レファレンダムは、州議会等によって制定された条例等を発効前に、一定数以上の有権者の署名を集め、阻止することを目的としている。[15]

日本においても、これまで幾度となく地方制度調査会等で住民投票制度について種々の検討が行われたものの、制度の導入までには至らない中、自治体が先行する形で、条例に基づく住民投票が数多く実施されてきた。

三 地方制度調査会における住民投票制度法制化の検討

古くは、第一六次地方制度調査会の「住民の自治意識の向上に資するための方策に関する答申」（昭和五一年六月）の中で、住民の自治意識の向上のためにとるべき方策の一つとして、住民投票制度の拡張を取り上げ、その対象事項として、①地方公共団体の配置分合、②特定の重大な施策、③事業を実施するために必要となる経費に係る住民の特別の負担、④議会と長との意見が対立している特に重要な案件、等を例示している。その後、第二六次地方制度調査会の「地方分権時代の住民自治制度のあり方及び地方税財源の充実確保に関する答申」（平成一二年一〇月二五日）では、市町村合併についてのみ住民投票制度の導入が提言され、平成一四（二〇〇二）年三月三一日から「合併協議会」設置に関する住民投票制度が施行されている。

直近では、第三〇次地方制度調査会で、大規模な公の施設の設置等に係る拘束的住民投票制度について検討が行われたが、「地方自治法改正案に関する意見」（平成二三年一二月一五日）で、拘束的住民投票制度の導入は、住民投票を実施する場合の対象のあり方や要件等について更に詰めるべき論点があることから、引き続き検討すべきであるとして、見送りとなったが、知事会をはじめとする地方六団体の反対の影響が大きい。

平成二二年一〇月の総務省自治行政局住民制度課調べ(16)では、昭和五七年七月の高知県窪川町での住民投票以降の投票実施数は、四六七件にも上り、このうち四四五件が市町村合併に係るものであった（解散・解職の投票を除く。）。合併以外の住民投票の例としては、産業廃棄物処分場設置についての住民投票や可動堰建設計画の賛否を問う住民投票などがある。平成三年から平成五年まで、市町村合併に関する住民投票が数多く実施されて以降、その後は急速に減少するものの、現在でも文化施設の建設の是非、庁舎の移転（補修）等の是非を問う住民投票が実施され、代表民主制を補完し、民意を問う制度として、一定程度定着してきている(17)。

住民投票を巡っては、あくまでも諮問型であり、その結果については、法的拘束力がなく、尊重義務しかないとされている。

このほか、民主党政権下の「民主党政策集 INDEX 2009」八頁の「地方分権改革」の項で、「住民投票による民意のくみ上げとして、「住民投票を地域の意思決定に積極的に取り入れるため、「住民投票法」を制定します。住民投票は住民の意思を確認するために非常に重要な手段であり、適切に利用すれば代議制民主主義を補完して住民の意思を政治に反映する有効な手段となります」と、記載されている(18)。

四　条例による住民投票の法的拘束力

条例による住民投票結果に関する法的拘束力については、以下の判例がある。

1　米軍普天間飛行場代替ヘリポート建設事件（那覇地判平成一二年五月九日[19]）

本件は、「名護市における米軍のヘリポート基地建設の是非を問う市民投票に関する条例」に基づき実施された住民投票で、四つの選択肢が示され、「反対」と「環境対策や経済効果が期待できないので反対」の合計が五四％で、「賛成」と「環境対策や経済効果が期待できるので賛成」の合計四六％を上回った。しかし、その三日後、当時の市長は官邸で当時の橋本龍太郎首相と面会し、「苦渋の選択」として移設容認を伝えた。基地の整理・縮小に加え、沖縄本島中南部と比べて遅れている同市など北部の発展のため、熟慮を重ねた結果だったとし、その翌日、「住民投票で市民を二分させた責任」を取って任期半ばで辞任した。

本件の争点は、条例三条二項において、「市長は、ヘリポート基地の建設予定地域内外の市有地の売却、使用、賃貸その他ヘリポート基地の建設に関係する事務の執行に当たり、地方自治の本旨に基づき市民投票における有効投票の賛否いずれか過半数の意思を尊重する」との尊重義務規定の法的拘束力に関するものである。本判決では、

「本件条例は、住民投票の結果の扱いに関して、その三条の二項において、『市長は、ヘリポート基地の建設予定地内外の市有地の売却、使用、賃貸その他ヘリポート基地の建設に関係する事務の執行にあたり、地方自治の本旨に基づき市民投票における有効投票の賛否いずれか過半数の意思を尊重するもの

とする。』と規定するに止まり、（以下、右規定を尊重義務規定という。）市長が、ヘリポート基地の建設に関係する事務の執行に当たり、右有効投票の賛否いずれか過半数の意思に反する判断をした場合の措置については何ら規定していない。そして、仮に住民投票の結果に法的拘束力を肯定すると、間接民主制によって市制を執行しようとする現行法の制度原理と整合しない結果を招来することにもなりかねないのであるから、右の尊重義務規定に依拠して、市長に市民投票の賛否いずれか過半数の意思に従うべき法的義務があるとまで解することはできず、右規定は、市長に対し、ヘリポート基地建設に関係する事務の執行に当たり、本件住民投票の結果を参考とするよう要請しているに過ぎない」（傍線は筆者加筆）とした[20]。

これに対しては、地方自治法九四条及び九五条では、議会を置かず、町村総会[21]の規定があることからも、多くの学説がある。

2　条例による住民投票制度導入を巡る学説[22]

条例に基づく住民投票の法的拘束力に関するこれまでの学説を整理する。

福岡英明[23]、妹尾克彦[24]、安達結立子[25]、脇坂徹[26]、赤坂正弘[27]、木下英敏[28]など、さまざまな学説があるが、多数説の三分類に従って、住民投票の法的拘束力に関する学説を、消極説、積極説、中間説に大別し、直接民主制と間接民主制の位置づけについての論点にも触れながら、各々の見解を検討する。

(1) 消極説

この説の代表的論者は、原田尚彦であり、「憲法を頂点とする現行法システムは、間接民主主義を地方自治制度の基本としている。……地方自治法は間接民主主義的制度のほかに、住民が条例の制定改廃や事務監査を求める直接提案制度（イニシアティブ）と議会の解散や議員・首長の解職請求制度（リコール）などの直接民主主義的制度を認めている。けれども、これらの制度は、間接民主主義が機能不全に陥った場合にこれを矯正し自治を復元する途をひらく、いわば補足的な制度として予定されているにすぎない。しかも、地方公共団体の意思を住民が直接決定する住民投票制度は、地方自治法の住民投票（憲法九五条）のほかには、議会の解散や議員・首長の解職請求が成立した場合に定められているだけである。現行法体系は、明らかに間接民主主義を基調としている」とし、「憲法や法律の規定を素直に読むと、やはり地方行政は、首長と議会がその責任でおこなうことを予定していると読まざるをえないし、またそれには相応の理由もある。そうだとすると、個別政策をアド・ホックに住民投票で決めるというやり方には、行政の総合性と一貫性をさまたげ首長や議会の権限と責任体制をおびやかすおそれがあるから、現行の法体系との間に接触が懸念される」と主張している。[29]

さらに、近代国家で間接民主主義が発達したのは、「物理的ないし技術的に直接民主主義が困難になったからである……高度に専門化し分業体制がとられる現代社会においては、それぞれの専門分野を専門家に委ね、総合的視野に立ってこれを一貫して実施させるのが妥当である」としている。

竹花光範は、政策レファレンダム型住民投票について、「地方自治法にいう『条例』—従って、また憲法のいう『条例』—に政策レファレンダム型の住民投票を行うための条例まで含めてよいのかという点は残る。恐らく、この種の条例の制定は、地方自治法の—そして憲法の—予定していないところではないかと思う。地方公共団体には『議事機関』として議会が設置されているのであり、しかもその議会の議員は『その地方公共団体の住民が、直接これを選挙』（憲法九三条二項）しているわけである。つまり、地方公共団体における政策の是非は、住民から直接選挙された議員によって組織される議会において決することを憲法が要求していると解すべきではなかろうか。……この種の住民投票条例の制定は、直接選挙で選ばれた首長や議会にとって、自己否定にもつながりかねず、現憲法の採る代表民主制原理とも、少なからず矛盾するところがある」と違憲的側面を述べている(30)。

(2)積極説

杉原泰雄は、純代表制・古典的代表性から半代表制・現代代表制への転換によって、民主制を基本とする人民主権原理が採用されているという観点から、日本国憲法の間接民主制は直接民主制の代替物に過ぎず、憲法解釈上可能な限り直接民主制を採用することが要請されていると主張する。国レベルでは、法律によって拘束的国民投票制度を設けることは、憲法四一条や五九条一項に抵触するので許されず、諮問型国民投票制度しか許されないが、地方公共団体レベルでは、立法に関する拘束的国民投票に対して制約となる憲法四一条の「国の唯一の立法機関」の定めや、五九条一項における立法手続についての例外の厳しい限定が存在しないこと、および地方自治特別法の住民投票に関する憲法九五条の規定に注目して、「日本国憲法は、地方公共団体の意思決定については議会による意思決定を前提としているわけではなく、とくに重要問題については直接の民意による決定を重視しているとも解される」と述べている。そして、地方自治法九四条・九五条は、町村の場合、条例で議会をおかず、有権者の総会(町村総会)をもって議会に代えることを認めており、全面的に直接民主制を承認している。

したがって、杉原は「拘束的住民投票制を条例で設けることの可否」について、

①　町村の場合には、それを否定すべき合理的な理由はないものと考えられる。全面的な直接民主制が可能であれば、部分的な直接民主制が禁止されているとする理由は原則としてないはずである。

もちろん、地方公共団体で処理しうる事務であること、住民投票になじむ事項であること、住民投

票（国民投票）の悪用形態としての「プレビシット」にならないための諸条件が具備されていることなどの制約があることは、いうまでもない。

町村の場合、諮問型住民投票については、これを条例で設けることが違憲・違法とする方が困難であろう。

② 市と都道府県の場合には、拘束的住民投票制を条例で設けるために、地方自治法の九四条・九五条を援用することができない。しかし、日本国憲法の住民代表制の観点からすれば、またそれを支える国民主権（「人民（プープル）主権」）や住民自治の原理からすればなおさらのこと、憲法とそれに適合的な法律明示的な禁止規定がない限り、その地方公共団体の事務の住民投票になじむ事項について、「プレビシット」にならないように配慮しつつ、拘束的住民投票制を条例で設けることは可能と解すべきであろう。

③ 町村、市、都道府県のいずれの場合であれ、住民生活を左右する重要問題については、住民代表のあり方いかんにもよるが、拘束的住民投票が積極的に求められていると解される、と述べている[31]。

辻村みよ子も、同様の主張をしている[32]。

(3)中間説

中間説では、拘束型の住民投票は憲法上可能であるが、地方自治法下では禁止され、その実施には法改正が必要である。しかし、諮問型の住民投票であれば現行法上も適法であるとする見解である。

稲葉馨[33]は、「憲法九三条を受けて地方自治法は議会（議員）と長の『二元的』な『代表民主制』を採用し、しかも長に当該地方公共団体の事務の執行に関する包括的権限を付与しているが、議会や長などの執行機関を法的に拘束したり、それらにかわって自治体の意思を直接に決定したりする住民投票制度を設けると、その趣旨に反することになる」ので、「異論はあるものの、拘束的・決定型の住民投票制度を条例で定めるのは地方自治法違反であるというのが一般的な考え方である。……他方、現行法上、条例による拘束型住民投票制度の導入が不可能であるとしても、法律によってその途を開くことまで憲法違反というのは疑問であり、一般にもそう考えられていないから、この際そのような方向で検討する余地があろう」と述べている。

赤坂正浩[34]は、「憲法規定は、中央・地方のいずれについても間接民主制を中心として、直接民主制的制度でこれを補完する趣旨と読むのが素直なこと、直接請求の諸制度を定めながら、政策的住民投票について沈黙する地方自治法は、善し悪しは別として拘束的な政策的住民投票の禁止を含意すると理解できると、これから、やはり多数説の見方が穏当なように思われる」としている。

妹尾克敏[35]も、「中間説（折衷説）が現在のところ通説として最も説得的であろう。消極説は、地方自治に直接民主制を採用した憲法の理念を国政と同一視していること、積極説も国政との比較のうえで、人民主権論の一環として住民自治を捉え、あまり実例のない町村総会の存在理由を強調する結果、地方自治における間接民主制の相対化に傾いていることなどの点で若干疑問の残るところである」という。

脇坂徹[36]も、「諮問型までも認めない消極説は現状の多数の住民投票の事例の前では説得力を持たず、また現行法上で拘束型の住民投票条例をも認める積極説の理由付けには少し無理があり、結局中間説が妥当であると考える」としている。

このほか、中間説として分類できるものに、兼子仁[37]の見解がある。兼子は、「住民直接請求または議会委任により自治体の重要施策・事務執行につき一般的に住民投票に付しうるむねを定めるような、一般的住民投票条例については、現行法律の代表民主制に反し直接民主主義の補完性原理を逸脱するものとして、違法論が出されている。なるほど、そうした一般的住民投票は、決定権限機関に対する参考的・助言的・諮問型効果のものでも、現行法上の間接民主制と全く矛盾しないと考えることは、……直接民主主義を代表制・議会制民主主義と並立的基本原理と解した程度では、なお困難であろう。

ところが、個別的な参考的住民投票条例についても、法律上の代表民主制に反するという違法論が出されている。この点については、……個別事項に関して参考的・助言的な住民投票を定める条例の適法性は、投票結果の事実上の効果を含めて、関係法律と当該事項に照らした条理解釈によって肯定されうる（決定機関権限を住民自治的に活かし決して侵害しないと解されうる）ところである」[39]としている。

消極説に近い中間説には、田村達久[38]の見解、他方積極説に近い中間説として、岡田信弘の見解がある。

このように現在の通説では、住民投票条例の結果に対する首長の尊重義務を定めるだけで、法的拘束力を持たない諮問型制度の場合は、自治体の最終的な意思決定でない以上、憲法及び地方自治法との抵触が問題になることはないとしている。これまで実施された住民投票は、すべてこの諮問型である。

ただ、諮問型なら何でもよいというわけではない。法律の規定により首長に権限が与えられている場合に、その行使に当たっては、法律以外の他事考慮が禁止されているような行政処分もあり、そのような場合、その行政処分に対して住民投票の結果を尊重する義務を首長に課した場合には、諮問型といえども違法であると考えられる余地があることから、諮問型の住民投票条例を制定し、それを実際に運用する場合において、その対象が行政処分であるときは、行政処分の要件を確認し、住民投票の対象とすることが妥当か検討する必要がある[40]。

これに対し、「東京都住民参加制度研究会報告書」（一九九六年）のように住民投票に法的拘束力を認める制度の研究も行われたが、現行法制度下では、課題が多いのが現状である(41)。

五　住民投票条例の制度設計と論点(42)

このように、現行法制度下では、上記で述べたようなごく一部のものを除き、基本的には、住民投票を行うには、各自治体が住民投票条例を制定し、これに基づき実施するしか方法がない。そして、その住民投票条例を制定するには、長や議員の提案又は住民の条例制定改廃請求により、住民投票条例を議会で議決するしか方法がないのである。

ところが、長や議会は、住民投票制度導入については、これまで極めて消極的であったため、住民から幾度となく地方自治法七四条一項の規定に基づき、住民投票条例の制定請求がなされてきたが、そのほとんどが議会で否決されてきた(43)。

しかしながら、「平成の大合併(44)」を契機に、全国各地で、当初の予想を遥かに超える勢いで住民投票が実施された。総務省の調査では、一九八二（昭和五七）年七月の高知県窪川町以降、その実施件数は四〇一件（内合併関係は三七八件）にまでのぼる。

市町村の合併の特例に関する法律（旧合併特例法）の最終期限である二〇〇五（平成一七）年三月以降、住民投票の実施件数は急速に減少したものの、地方分権・地域主権改革等と連動するかのように、各自治体では自治基本条例やまちづくり条例・市民参加条例の制定等に取り組み、そうした条例の中に、住民投票制度の規定を設ける自治体が増加している。

こうした状況は、二〇〇〇年四月にスタートした地方分権改革が、これまでの地方自治のあり方に大きな変化をもたらし、自己決定・自己責任のもと、自治体の自主・自立的な運営を可能としつつ、いかにして実質的な自治を実現していくかが大きな課題となり、地域主権改革は、地域のことは地域に住む住民が責任を持って決めることのできる活気に満ちた地域社会をつくっていくことを目指していることと関連している。一方で、これと連動するかのように、これまでのいわゆる抵抗型の住民運動が、より積極的な自治体の政策決定・意思決定への参加を求める運動へと変質し、住民投票実施要求への高まりは、地方自治への住民参加を推進する一つのツールとして、新たな現象となりつつあることを示しているのではないかと思われる。

これまで、二〇〇七年度本学会で共同研究として上田道明が発表された「『非個別型』住民投票条例の現在」のなかで、これまでの常設型住民投票条例という呼称に対して、新たに義務型（議決不要型）住民投票条例という類型の住民投票条例を提案させていただき[45]、その後二〇一二年度学会で「住民投票条例の制度設計と論点」について報告を行っているが、ここでは、紙幅の制限もあり、民意を汲み取る住民投票を行うには、その住民投票条例の制度設計がいかに重要かについてだけ述べておきたい。

例えば、既に住民投票条例が制定されていたとしても、いざ住民が必要と思って、住民投票の実施を求める必要署名数を集めたとしても、議会で否決されたり、投票率が五〇％を切ると開票されなかったり等々数多くのハードルが存在するのである。義務型住民投票条例という新たな類型を提案したのは、常設型と呼ばれる住民投票条例が既に制定されていたとしても、実際に住民投票の実施まで至るのはごくわずかで、何のための住民投票条例かと疑いたくなる条例が多いからである[46]。

このため、住民投票条例の制度設計・制定に当たっては、少なくとも①請求に関すること（投票の対象事項、設問の形式、請求資格者の要件、署名数の要件、発議権、請求の手続き等）、②投開票に関すること（投票資格者の要件、投開票の手続き、投票成立の要件、投開票結果の取扱い等）が最低限規定されている必要がある。

六　住民投票条例への期待

学説の多くは、諮問的住民投票は許されるとし、法律を改正して法律上の根拠が与えられれば、住民投票は可能であるとする。このため、現行地方自治法を改正して、一般的な諮問型の住民投票の導入を図ろうとする動きも見られる。

諮問型の住民投票条例であっても、その制度設計の仕方により、拘束型に限りなく近い制度を導入することは可能である。何も投票結果を首長や議会を拘束する制度と理解せずに、首長と議会が適式な法制度に則り、制定した住民投票条例の制度に基づき示された住民の意見・投票結果・民意を、首長・議会が制定したところの住民投票条例の規定に従い、投票結果のとおり、首長・議会が判断すると理解するのである。

自己拘束力・自縛力といえるのではないだろうか。少なくとも、最近首長の任期が長期化することの弊害を除去するために、自分の任期中の再選だけを制限する再選自粛条例が制定されているように、現政権下の首長の任期中であれば、なおさら問題がないのではないだろうか。

例えば、ニセコ町では、ニセコ町まちづくり基本条例を制定し、同条例第一一章に「町民投票制度」を設け、同条例四八条に、「町は、ニセコ町にかかわる重要事項について、直接、町民の意思を確認するため、町民投票の制度を設けることができる」、同条例四八条二項には「前項に定める条例に基づき町民投票を行うとき、町長は町民投票結果の取扱いをあらかじめ明らかにしなければならない」と規定しているように、住民投票前に投票結果に対する意思表示を行わせるのも一つの方法ではないかと思われる。もっとも、こういった規定を設けるまでもなく、現実には、大阪府下でも、「南泉州市」を問う住民投票では白紙撤回、岸和田市への編入を問う忠岡町の住民投票では、町長が住民投票前の表明どおり辞任している。(47)

最近の例でも、兵庫県篠山市の市名を「丹波篠山市」に変更することについて、平成三〇年一一月一八日に「市名を丹波篠山市に変更することについての賛否を問う住民投票」が行われ、その結果、篠山市住民投票条例に定める成立要件である投票率五〇％を超える六九・七九％で成立したうえで、賛成一万三六四六票、反対一万〇五一八票と、賛成多数となり、平成三〇年一一月二七日に臨時議会を招集し、市名を変更する条例案を提出し、賛成多数により可決され、二〇一八年五月一日をもって、市の名称を篠山市から「丹波篠山市」に変更された。

リコール制度が本来の制度と異なった目的で利用され、議会がその機能を十分果たせないために多くの混乱を引き起こしている事例は少なくない。このような制度的欠陥現象が生じてきているなかで、住民投票の役割が今後ますます重要になってくると思われる。

今地方分権改革、地域主権改革を経て、地方自治の仕組みが大きく変わろうとしているのであり、地方自治法の改正でも住民投票制度の導入が見送られたが、住民投票制度の法的根拠を明らかにするだけで充分であり、住民投票の請求要件、投票資格者の要件等は、法律で規定する必要はなく、その制度設計は、各自治体の地方自治・住民自治の成熟度に応じた判断に任せるべきである。

住民投票制度は、万能ではない。住民投票は、直接住民の投票によって決定を行う点で、最も住民自治の理念に沿う制度と言うべきこともできるが、反面、大きな限界をもっており、多様な方法の一つであるに過ぎない。しかしながら、現行地方自治制度の制度的疲労現象が各地で生じている状況下では、住民自治を推進し、住民参加制度を推し進めるための多様なチャンネルの一つとして、そして何よりも、代表民主制を補完する制度、地方自治のセーフティーネットとして整備されなければならない。住民投票の法制度化が行われていない状況下では、自治体が国の法制度化を待つことなく、先行するかたちで、自治体ごとに住民自治意識の向上と連動して、住民自治の権利として、地方自治を育む一つのツールであり住民参加・地方自治の標準装備として、今後とも住民投票条例の導入が検討されるものと思われる。

注

（1）本稿は、藤島光雄「住民投票条例論―住民参加と住民投票―（一）～（三）」『阪大法学』六〇巻四～六号（二〇一〇～二〇一一年）を基に、二〇二二年一一月六日開催の日本地方自治学会研究会【共通論題Ⅱ】〈テーマ〉「自治体と民主主義」の中での報告に、最近の状況を含め加筆したものである。

（2）James Viscount Bryce 著・松山武訳『近代民主政治第一巻』（岩波書店、一九八四年）八頁、一六〇頁。

（3）喜多道夫「直接請求に関する実態調査の概要について」地方自治三八二号（一九七九年）七三～八三頁、自治立法研究会編『市民立法総覧 直接請求編』（公人社、二〇〇三年）四八頁以下。総務省ホームページ「地方自治月報」、最新のものは、地方自治月報第六一号（令和三年四月一日～令和五年三月三一日）参照。
https://www.soumu.go.jp/main_content/000932781.pdf

（4）公立病院の廃止問題等で、佐賀県武雄市、千葉県銚子市、大阪府松原市等。二〇〇九年三月二九日付け朝日新聞記事。このほか、二〇一二年に茨城県古河市が建設を進めていた図書館や大ホールなどを備えた文化施設の費用が高価であることや予定地が産業廃棄物の最終処分地の跡地であることが問題とされ、リコール運動にまで発展した事例などがある。

（5）二〇二三年四月一日現在で、四〇七自治体が制定している。NPO法人　公共政策研究所ホームページ
http://koukyou-seisaku.com/policy3.html

（6）戦後の最高投票率は、一九五八年の第二八回（いわゆる「五五年体制」下での初）の衆議院議員総選挙で、七六・九九％であった。総務省ホームページ「国政選挙における投票率の推移」
https://www.soumu.go.jp/senkyo/senkyo_s/news/sonota/ritu/index.html

（7）橋本晃和『無党派層の研究』（中央公論社、二〇〇四年）二八頁以下。

（8）関東弁護士会編『地方議会と住民投票』（二〇〇一年）四五頁。

（9）（財）社会経済生産性本部『住民参加有識者会議報告書～地方分権と住民参加を考える』（二〇〇一年）六頁、岩崎恭典「地方議会と住民投票制度」寄本勝美編『公共を支える民』（コモンズ、二〇〇一年）八四頁以下、上田道明『自治を問う住民投票』（自治体研究社、二〇〇三年）四二頁。

（10）総務省ホームページ「平成の合併」について一八頁
https://www.soumu.go.jp/gapei/pdf/100311_1.pdf
上田道明『『住民投票史』のなかの二〇〇五年」『社会学部論集』四四号（二〇〇七年）八三～九九頁、塩沢健一「住民投票の実施形態と投票率・得票率―『平成の大合併』をめぐる事例の分析をもとに―」『中央大学社会科学研究所年報』二四号（二〇一九年）八九～一一一頁。

（11）「安土町　合併騒動史　年表―平成の合併政策に翻弄された安土町と滋賀県東近江地域自治体の記録」
http://anzucci.com/mamorou/chronology.htm

（12）合併後、町長選で敗れた人物を自治区長に、合併を推進しリコールで失職した前町長を副市長に任命している。更に合併前に制定されていた常設型住民投票条例を廃止している（筆者らの分類では義務型住民投票条例として評価していた）。

（13）前掲注（1）、「住民投票条例論―住民参加と住民投票―（二）」『阪大法学』六〇巻五号一六六～一六九頁。

(14) 辻山幸宣「住民投票の制度的概観」森田朗・村上順編『住民投票が拓く自治』（公文社、二〇〇三年）一八九頁以下。
(15) 牧田義輝「アメリカの住民投票制度」森田朗・村上順編『住民投票が拓く自治』（公文社、二〇〇三年）九一頁以下。
(16) 平成二二年一〇月総務省自治行政局住民制度課調べ「住民投票の実施状況」 https://www.soumu.go.jp/main_content/000087297.pdf
(17) 最近の状況は、一般財団法人　地方自治研究機構ホームページ「住民投票に関する条例」を参照。 http://www.rilg.or.jp/htdocs/img/reiki/046_referendum.htm
(18) http://archive.dpj.or.jp/policy/manifesto/seisaku2009/img/INDEX2009.pdf 参照。
(19) 判例時報一七四六号（二〇〇一年）一二二頁、判例タイムズ一〇五八号（二〇〇一年）一二四〜一三〇頁。
(20) これに対して、積極的に解すべきだとする見解もある。白藤博行「住民投票条例の拘束力」『地方自治判例百選』（二〇一三年、第四版）四四〜四五頁。
(21) 過去の実例としては、町村制が施行されていた当時、神奈川県の足柄下郡芦之湯村、現在の箱根町の一部で、町村総会が設けられていたが、二二年四月に議会が設置された。また、地方自治法施行後では、東京都八丈支庁管内宇津木村、人口六一人、有権者数三〇人、そこに設けられていたが、町村合併により八丈町の一部となった。第一五三回国会　衆議院　総務委員会　第一二号　平成一三年一一月二七日　議事録。
(22) 前掲注（1）、「住民投票条例論―住民参加と住民投票―（二）」『阪大法学』六〇巻六号二一七〜二二二頁。
(23) 福岡英明「住民投票制度と地方民主主義の可能性―住民自治の拡大としての地方分権の視点を踏まえて」『高岡法学』九巻一号（一九九七年）六〇頁。
(24) 妹尾克彦「地方分権時代の『住民投票』と地方自治に関する一考察」植野妙実子編集代表『現代国家の憲法的考察―清水睦先生古稀記念論文集』（信山社、二〇〇〇年）一七四〜一七六頁。

(25) 安達結立子「住民投票の制度化における法的諸問題の検討―『高浜市住民投票条例を中心に』」『北大法学研究科ジュニア・リサーチ・ジャーナル』No.9(二〇〇三年)一二七頁以下。
(26) 脇坂徹「住民投票の背景・現状・課題」『関西大学法学論集』五三巻二号(二〇〇三年)一〇八頁。
(27) 赤坂正浩「地方自治体の政策決定における住民投票―憲法論と政策論」『法学教室』二一二号(一九九八年)八~一二頁。
(28) 木下英敏「住民投票制度の諸問題(1)」『レファレンス』五六八号(一九九八年)三六頁。
(29) 原田尚彦「住民参加と地方自治」『都市問題』八七巻一号(一九九六年)三~六頁。
(30) 竹花光範「政策レファレンダム型住民投票制の問題点」『駒澤大学法学論集』五六号(一九九七年)一五頁、同「住民投票の違法的側面―代表民主制と政策レファレンダム」山上賢一博士古稀記念論文集編集委員会編『山上賢一博士古稀記念論文集 21世紀の法・福祉・医療―その課題と展望』(中央経済社、二〇〇二年)一五一~一五二頁。
(31) 杉原泰雄「国民主権と住民自治―住民投票制度に焦点を合わせて」『法学教室』一九九号(一九九七年)一八~二四頁。
(32) 辻村みよ子「『住民投票』の憲法的意義と課題」『ジュリスト』一一〇三号(一九九六年)三六~三七頁。
(33) 稲葉馨「住民投票」『法学教室』一九五号(一九九六年)三頁。
(34) 赤坂前掲注(27)、一〇頁。
(35) 妹尾前掲注(24)、一七六頁。
(36) 脇坂前掲注(26)、一一二頁。
(37) 兼子仁「自治体住民の直接民主主義的権利」『都立大学法学会雑誌』三二巻一号(一九九一年)三二・三三頁。
(38) 田村達久「自治体の意思決定と住民参加制度の一考察―住民投票制度研究序説」佐藤英善・首藤重幸編『行

政法と租税法の課題と展望―新井隆一先生古稀記念』（成文堂、二〇〇〇年）二七二頁。
(39) 岡田信弘「座談会『住民投票』の挑戦と課題」での発言、ジュリスト一一〇三号（一九九六年）一九頁。
(40) 川崎市住民投票制度検討委員会『住民投票制度検討委員会報告書』（二〇〇五年）四頁。
(41) 前掲注（22）、二二七〜二三六頁。
(42) 前掲注（22）、二〇九〜二一五頁。
(43) 上田道明「『平成の大合併』をめぐる住民投票は何を残したか」六六〜七七頁、前掲注（13）、一六五〜一六六頁。
(44) 前掲注（16）
(45) 上田道明・藤島光雄・稲野文雄「住民投票の制度化はどこまで進んでいるか」『自治と分権』三〇号（二〇〇八年）四二〜八〇頁。
(46) 前掲注（22）二一五〜二一七頁。
(47) 適切な事例ではないかも知れないが、一九八一年、一九八五年、一九八九年、一九九三年の計四回、当時の文部省の反対を押し切って、教員委員は首長による任命制であるが、東京都中野区では、「中野区教育委員候補者選定に関する区民投票条例」に基づき、区民の推薦を受けた立候補者による区民投票を行い、その投票結果を尊重して委員の任命が行われた。

（ふじしま　みつお・行政法）

3　人口減少社会における民主的な地域づくり
――旧京都府大宮町の「村づくり委員会」による地域づくりを事例として――

藤　井　誠一郎
（立教大学）

はじめに

戦後から続く人口増加は終焉して人口減少社会に突入し、今後の加速度的な進行が目前となっている。この人口減少は地域の存立基盤にも関わる重要な問題であるため、地域の活力を一定程度維持していく取組みが必要となり、それを想定した様々な実践が全国的に展開されている。その策の一つとして、「小さな拠点」「地域運営組織」「小規模多機能自治」と言った地域自治組織の設置が推進されている。

今日、人口減少社会を見据えた今後の地域づくりが進められ、そのあり方への議論や実践が展開され、地方自治におけるそれらの研究も蓄積されている。しかし一方で、早くから過疎高齢化が生じて人口減少が続いてきた中山間地域における継続的な地域づくりの実践や、その取り組みの結果としての現状を分析していくことからも、今後の人口減少社会における地域民主主義の維持や持続的な地域社会づくりにとって有用な示唆が得られると考えられる。

そこで本稿では、旧京都府中郡大宮町（現京丹後市）時代の農村活性化施策の肝として町内の各地区に設置が要請されていた「村づくり委員会」に着目し、それらが旧大宮町内の各地域で展開した住民自治の実践と、その結果としての地域の現状や地域づくり活動について述べる。これを踏まえた上で、今後の人口減少社会における地域の民主主義や持続的な地域社会づくりにとって有用となる要素の抽出を試みる。

なお、本稿は、二〇二一年に大宮町の各地区や経緯を知る主要人物に対して行ったヒアリング調査、文献、地区についてのHP記事をもとに執筆している。

一　旧京都府大宮町の概要と抱えていた課題

1　旧大宮町の概要

本稿の舞台となる旧大宮町は、二〇〇四年に峰山町、網野町、丹後町、弥栄町、久美浜町とともに六町合併により京丹後市となり、現在は京丹後市大宮町となっている地域である（図1）。丹後半島の根元に位置し、東西約一三・五km、南北約一一・五km、総面積は六八・九三km²で、全域が中山間地域に属し、約七七%を山林原野が占めていた。旧大宮町の基幹産業は農業と織物業（丹後ちりめん）であったが、いずれも国際競争の中で長期低迷していた。

旧大宮町の沿革は次のとおりである。すなわち、一八八九年の市制町村制の施行により旧一六村が七村（大野、常吉、三重、周枳《すき》、河辺《こうべ》、五十河《いかが》、長善《ちょうぜん》）に統合され、その後大野村が口大野村と奥大野村に分村していった。そのまま時が流れたが、一九五一年に六村（奥大野、口大野、常吉、三重、周枳、河辺）の新設合併により旧大宮町が誕生した。その後は一九五六年に五十河村と善王寺地区を編入合併し、二〇〇四年に京丹後市となるまで旧大宮町は存在した（図2）。

図１　京丹後市と大宮町

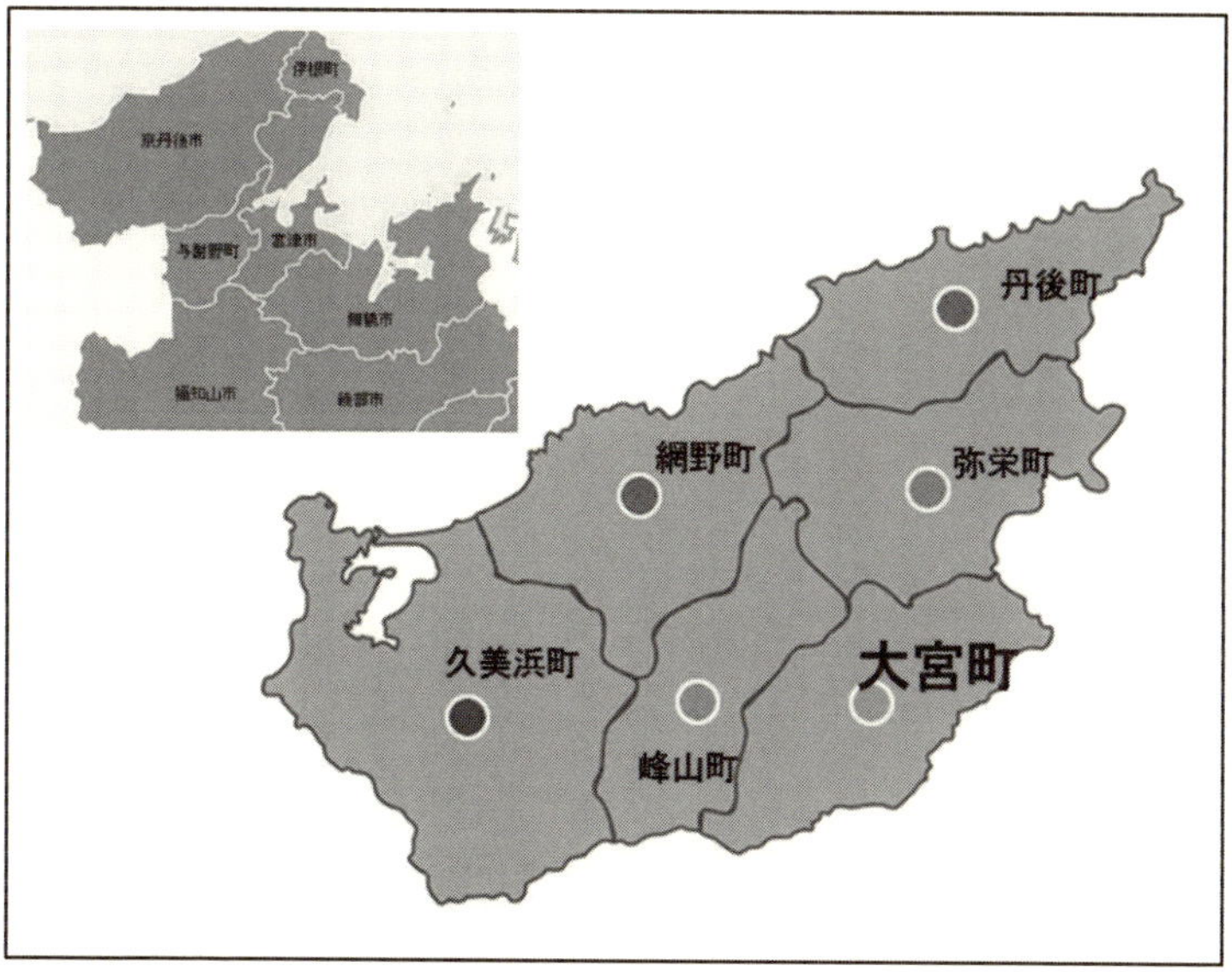

（出典）MapFan をもとに筆者が編集した

大宮町には五十河地区に端を発する竹野川があり、南流した後、三重地区で大きく屈曲して北向きに流れを変え、常吉川、善王寺川等を併せながら北流して日本海に注いでいる（図３）。大宮町の総面積の約八割は山林であるが、竹野川、常吉川、善王寺川の流域に集落が形成され、竹野川中流部に位置する口大野、周枳、河辺、善王寺地区に人口が集中している（図４、表１）。

自治会・町内会はほぼ旧村に対応する形で存在し、「区」と称してそれぞれの地域の事情に即した自治活動を現在も展開している。二〇二二年四月現在と一九九六年三月時点の各区の世帯数や人口は表１のとおりである。約二五年間で山村地域では過疎高齢化や人口減少が進んでいる一方で、その分を口大野、周枳、河辺、善王寺といった商業・住宅地区がカバーしている状況にある。

図２　大宮町の沿革

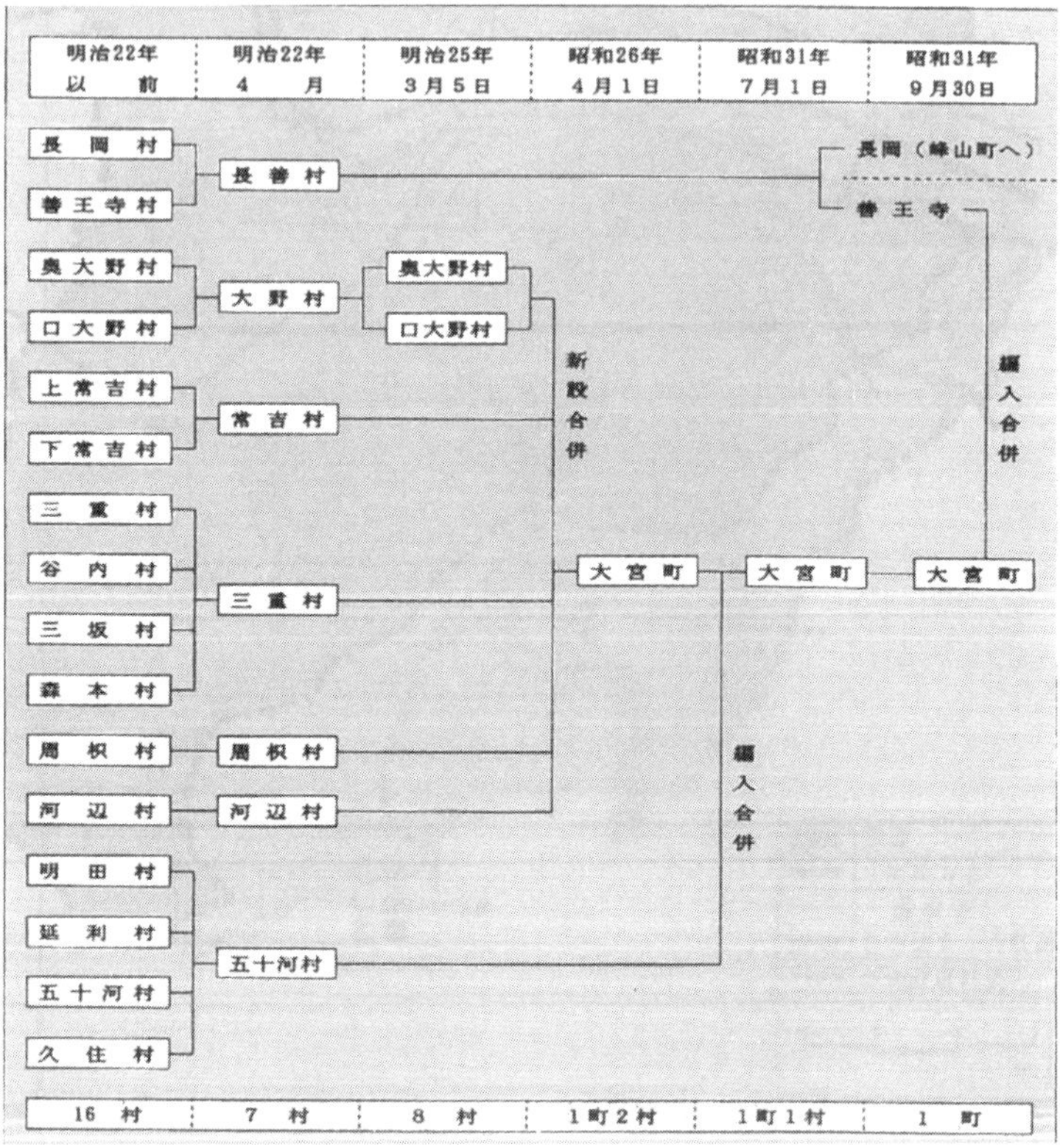

（出典）京都府大宮町（1996：4）

旧大宮町での生活環境整備は進んでおらず、一九九〇年代まで山村地区となる上常吉、下常吉、久住、新宮では水道が未普及であった。また、下水道施設も整備されておらず、生活雑排水の大部分が未処理のまま河川に流され水質汚濁が進んでいた。下水道整備は一九九五年より始められたが、河辺、善王寺、周枳、口大野、三坂、奥大野、谷内のみが対象地区とされたため、

図３　大宮町の河川

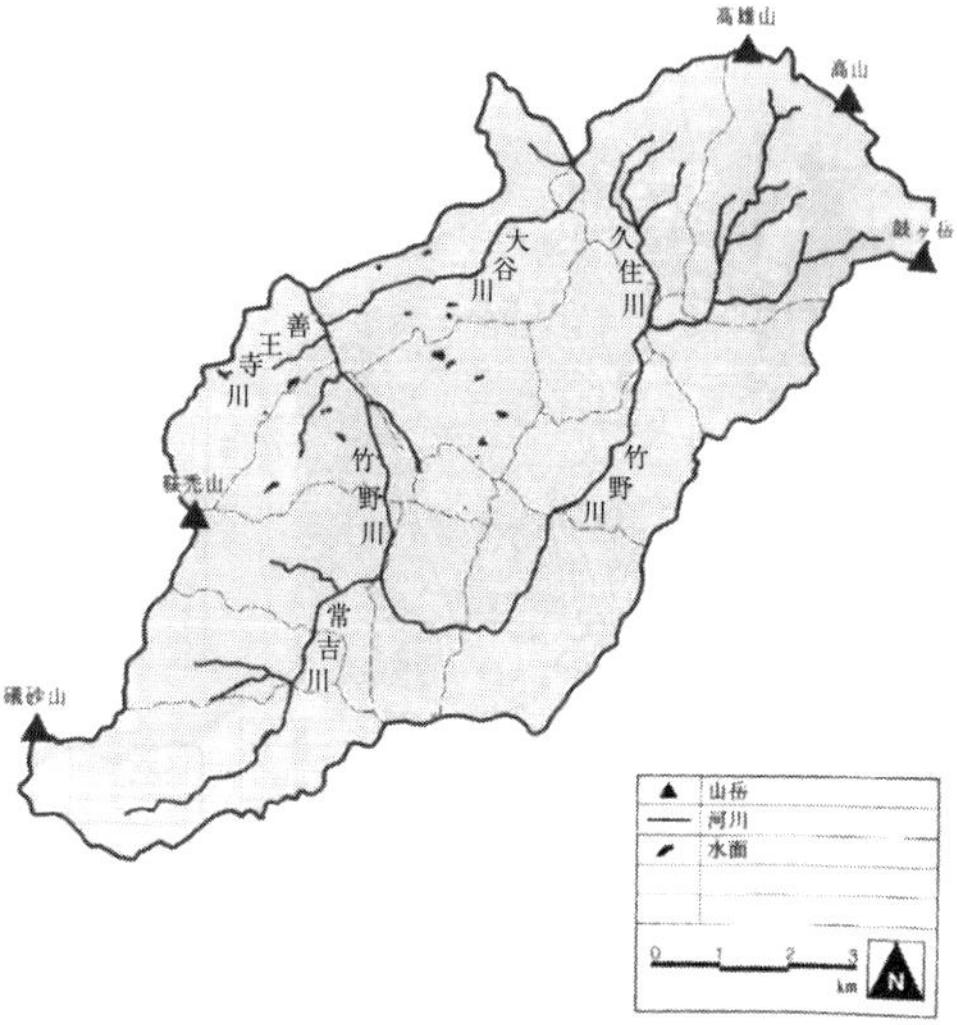

（出典）京都府大宮町（1996：4）を編集

図４　大宮町内の区域

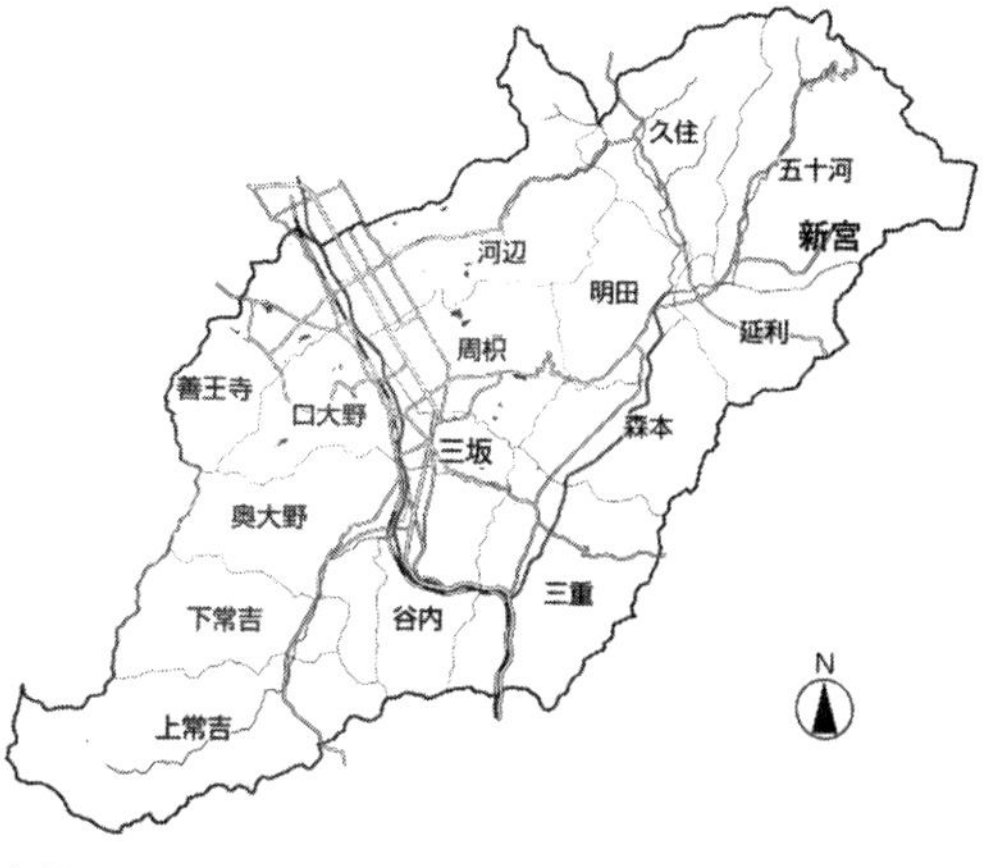

（出典）地域づくり支援員村上幹生氏からの提供情報による

表１　大宮町各区の世帯数・人口数

	1996年３月		2022年４月		増減	
地区	世帯数	人口	世帯数	人口	世帯数	人口
口大野	641	2,210	1,007	2,259	366	49
奥大野	270	1,033	319	741	49	－292
周枳	491	1,758	781	1,853	290	95
河辺	462	1,618	743	1,790	281	172
善王寺	302	1,097	673	1,634	371	537
上常吉	85	318	82	186	－3	－132
下常吉	65	281	76	190	11	－91
三重	127	448	143	288	16	－160
森本	72	291	78	169	6	－122
谷内	90	347	98	234	8	－113
三坂	41	144	78	180	37	36
五十河	43	148	35	66	－8	－82
延利	50	229	126	177	76	－52
久住	49	137	37	74	－12	－63
明田	48	177	56	132	8	－45
新宮	19	55	10	20	－9	－35
合計	2,855	10,291	4,342	9,993	1,487	－298

（出典）京都府大宮町（1996：7）と地域づくり支援員村上幹生氏からの提供情報を基に筆者が作成

山村地区の整備の目途は立たない状況であった。

２　旧大宮町の課題

町内の主力産業は農業であるが、一九九四年頃から山村地域の農業構造と集落機能は先行きが危ぶまれる状態に見舞われていった。就農者の七〇％超が七〇歳前後となり、後継者がいないため耕作放棄地が増大し、農地の流動化や土地利用が進まない状況から、農業の存続自体が難しくなる事態が目前に迫っていた。

一方、集落において勤め人が増え、農業や区の運営に興味を示さない若者も多くなり、区（集落）内の付き合いや行事への参加を最低限にとどめるといった風潮が広がっていた。とりわけ山村地域ではこのような雰囲気が強く、生活環境の整備が進まない状況も相まって、農地保全、農業存続、集落機能維持に対して諦めの風潮が漂い、「村の消滅は時間の問題」「行政は助けてくれない」「見捨てられた村」というような言説が蔓延していた（京都府大宮町 2003：54）。

このような状況の中で、主力産業の農業の活性化に向けた農業基盤整備や生活環境整備が、旧大宮町再生への大きな課題となっていた。

二　村づくり委員会による農山村の整備

1　仕掛け人としての産業振興課長中西敏行氏の取り組み

一九九五年から旧大宮町内の各地区で村づくり委員会の活動が展開されていくが、その設立には当時の産業振興課長の中西敏行氏と、課長補佐の川口勝彦氏（後述あり）がキーマンとなり、部下の河嶋英一氏がサポートする形で進められていった。村づくり委員会の設立は中西氏の実務経験から生まれ、川口氏がそれを補佐して地域に展開していく形で進められた。

中途採用で旧大宮町に入庁した中西氏は(1)、一九九〇年に吉岡秀男町長の発案による官民から選出された一〇人による人材育成の会「大宮活性懇話会」のメンバーに選出され、リーダーとしての考え方、将来ビジョンの持ち方、地域活性へのモチベーションの持ち方を学んでいった。そこでは、会員を徹底的に鍛え上げ、地域の人材として、行政の人材として、また町長のブレーンとなる人材としての育成が目的とされ、外部から講師を招聘して五時間から一〇時間にも及ぶ勉強会を開催していた。その後、一九九二年には懇話会の活動を拡大して「大宮活性懇話塾」として参加者を一六人へと増やし、後に村づくり委員会を牽引していく地域のリーダー的な人材が入ってきた(2)。

また、その流れと並行して、地域人材の育成を目的に一九八六年に商工会と旧大宮町とで立ち上げた

「羽ばたく若者の会（ＪＯＹ）」[3]の事務局を中西氏は産業振興課の課長補佐として担当するようになり、全国の村おこし事業の先進団体との交流に参加した。その中には、大分県の平松守彦知事が塾長になっていた「豊の国づくり塾」や、過疎を逆手にとる村おこし「過疎逆」との交流、ジャンボかぼちゃで世界一を目指す小豆島青年会議所との交流等があり、先進地の取り組みを学ぶ機会に恵まれた[4]。

一九九四年に産業振興課長に昇進した中西氏は、山村地域の振興に向けてこれまで見聞してきた村おこし事業を展開していくビジョンを描いていた。すると直後の一九九五年にＧＡＴＴウルグアイ・ラウンドへの農業振興策（ＵＲ対策）として六兆円の潤沢な農業予算枠が用意されるようになり、それを利用した農村地区のインフラ整備や地域振興が可能となる農業政策の大転換に直面した。一方で、当時の大宮町のインフラ整備は行政主導型で行われてきたため、いわば押し付け的な事業となり地区の人には十分に喜ばれない状況も生じていた。このため、中西氏は従来の行政主導型を住民主導に転換し、各地区からのボトムアップの要望に応えていく農業・農村施策の実施を展望した。

そこで中西氏は山村地域の振興に向けて、まずは住民（地区）が主体となって将来を見据えたビジョンを策定し、それに基づき行政がインフラ整備を行っていく形へと変えていこうとした[5]。そして、そのビジョンの中に含まれる要望を、潤沢なＵＲ対策の資金を利用しながら整備していこうとした。

2　村づくり委員会のはじまり

当時の産業振興課の予算には、農業振興や農村活性化等を実施したくても原資が存在しなかった。既存の事業分しか計上されておらず、外部から獲得せざるを得ない状況であった。

そこでＵＲ対策の補助金の利用を考え、中山間活性化事業の農村アメニティ事業に着目し、そこに組み込まれているソフト事業に申請した。従来なら具体的なハード整備を手掛けるために農村アメニティ事業に申請するのだが、ハード整備の要件として設定されているソフト事業のみに着目し、そこの補助金を獲得する形で申請した。ハード整備のための補助金に対してソフト事業費の最高額八〇〇万円のみを申請する奇抜な発想に当時の農水省が反応し、本庁での直接ヒアリングを受ける機会を得、中西氏と川口氏が説明し、補助金の支給が選定された。

この原資を基にして、中西氏と川口氏は旧大宮町の中でも農業・農村対策が遅れている五十河五地区（五十河、延利、久住、明田、新宮）の活性化に取り掛かっていった。しかし、各地区で説明会を開催しようとしたが、地元との繋がりがなく「よそ者」状態であったので、地元の方々とコミュニケーションをとる段階から始めていった。中西氏と川口氏は、「何もしてくれない行政」に対して不信感を抱いていた住民から「よく来てくれた」と言われるまで、毎日のように五十河五地区に通い、酒を飲みかわしながら信頼を築き上げていった。

その後、地区と行政との信頼の基盤が確立され始めた一九九四年一一月に五十河五地区の各区長に対し村づくり委員会の発足への説明会を行い、一九九五年二月には各地区代表三名で代表者会議を開催し、村づくり委員会を正式に発足させた。

この村づくり委員会では、各地区の若者層が中心となって委員となってもらい[6]、地域に認知された組織において自信と誇りをもって自らの地区に山積する課題に取り組んでいく形を作り上げるようにした。

3　五十河地区のビジョンと活性化計画の策定

村づくり委員会では、地区内の老若男女の声をアンケート調査により把握した上で、地区の五年後、

図5　課題抽出・対策立案・マッピング

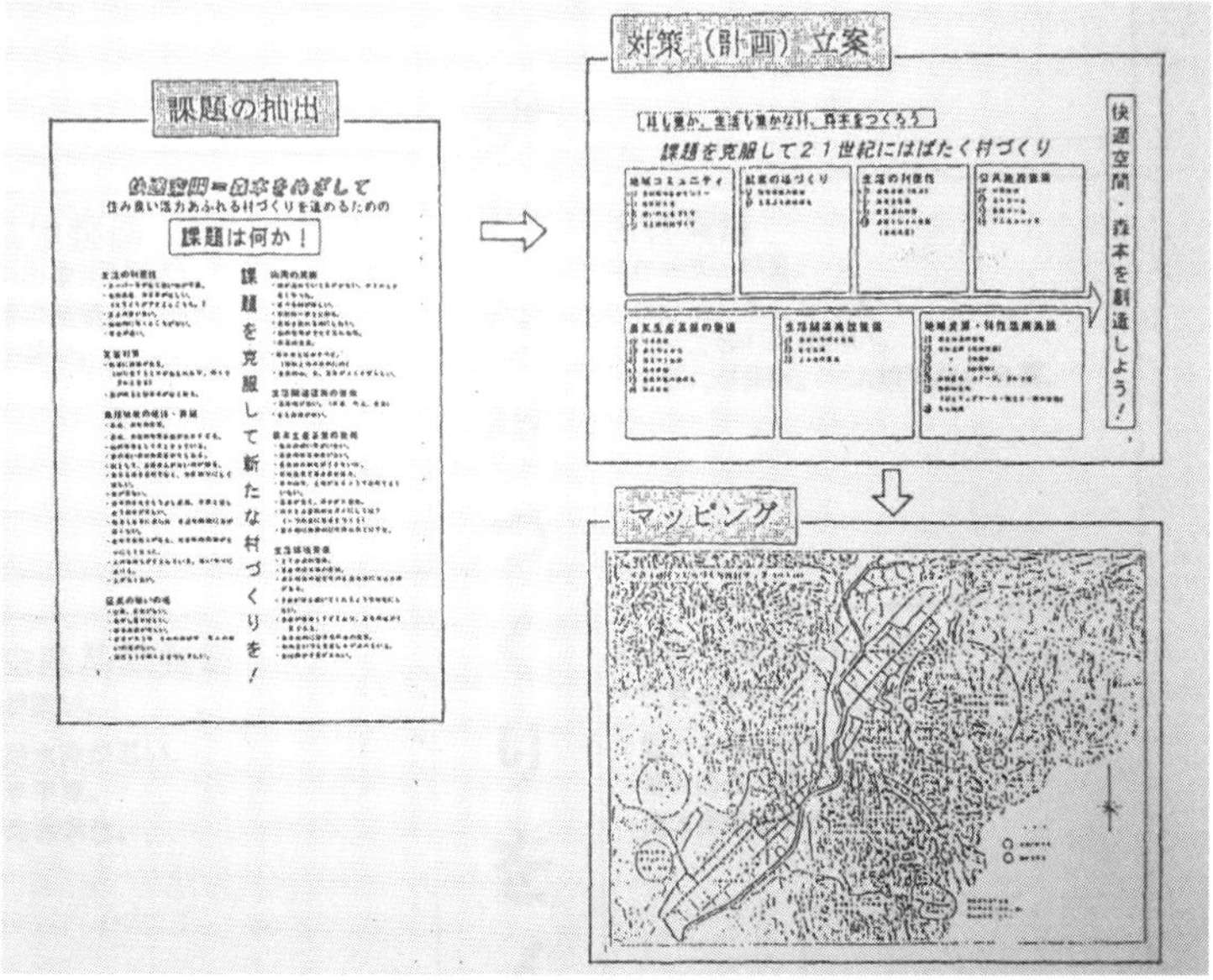

（出典）丹後路たにうちファーム・大宮町産業振興課（1998：13）

一〇年後の村づくり構想（ビジョン）や活性化計画の作成が進められていった。そこでは、「村づくりは人づくり」であるという認識のもと、村（地区）に関心を持つ人を一人でも多く作るのが人材づくりである点を意識し、①地域の課題把握、②地域資源再発見活動、③課題克服のための対策、④対策（活性化計画）のマッピング、⑤先進地視察、⑥地域活性化計画書の作成、が行われていった。中西氏と川口氏がそれぞれの地区でファシリテーターとなって議論を進めビジョンを策定していった（図5）。

特に③ではKJ法を利用して行い、「実現できるかできないかに関係なく、やりたいことを出してもらう」のを目的に、地域住民の主体的な参加のもとで自由なアイディアやニーズを引き出すために、できる限り多くの夢を語ってもらうように要請した[7]。様々な夢が語られ、パターゴルフ場や自然運動公園、生活用水や農業用水の確保を目的とした多目的ダムの建設、スーパーや銀行の出張所、キャンプ場、温泉掘削やスキー場開発、宿泊施設を伴った公園の建設なども述べられた（大宮町 1995：4‒5）。また⑤では、往復のバスの中での親睦が図られ、村づくりへの参加意識が醸成されていった。

最終的に各村づくり委員会で策定されたビジョンと活性化計画は産業振興課でまとめられ、一九九五年三月末に五十河五地区の「農山漁村アメニティ形成計画書」となった。五十河五地区の村づくり委員会委員四七名が語った夢の事業費は総額四七〇億円相当にもなった。

4　産業振興課による「夢」の実現

五十河五地区で「農山漁村アメニティ形成計画書」が策定された後は、産業振興課が同計画書に列挙されている「夢」（要望）の実現に向けて知恵を絞り、国や京都府の農村整備事業関係の補助金を活用して実現していった。

「圃場整備」という夢は、農村整備事業関係の補助金により実現が可能となるが、「水道施設」という夢は、農業関係の補助金[8]では実現不可能である。その際には産業振興課が知恵を絞り、補助金項目の中にある営農飲雑用水を利用すれば実現が可能となるのを突き止め、その形態で整備して水道水を使えるようにした。また、高齢化が進み火事の際にポンプが動かせず困っている地区からの「消火栓がほしい」という夢に対しては、補助金のメニューにある防火用水施設を山の上に設置して、落差からの水圧を利用して消火栓として利用できるようにした。さらに、「道路が細く道路整備をしてほしい」という夢に対しては、土地改良事業を活用して生み出した土地を京都府に買い上げてもらい、そのお金で府道を作る形で進めた。

このように地域が策定したビジョンにある夢を実現するため、産業振興課は知恵を絞っていった。五十河五地区の描いた総額四七〇億円の夢は、京都府の事業や国の事業を利用し、地元負担も含めて一二五億円分の事業として取り組まれていった。

三　村づくり委員会の町内への展開と各地区での取組み

1　村づくり委員会の町内への展開

中西氏と川口氏は五十河五地区での取り組みが有用であったと手応えを感じ、一九九五年から町内の他地区に対して、活性懇話塾で育ったリーダーを仕掛け人として村づくり委員会の設置を要請した。五十河五地区での実践と同様に、住民参加型のワークショップによる村づくり構想や活性化計画の策定を行い、先進地の視察も行われた。

結果、五十河五地区に加え、三重、森本、常吉[9]、谷内、奥大野、河辺、三坂の一二地区に村づくり委員会が立ち上がり、その後二〇〇〇年に周枳と善王寺にも立ち上げられ、最終的には口大野区を除く一四地区に広がった。活動資金は農村関係の補助金が用いられた。三重、森本、谷内、上常吉、下常吉には山村振興対策事業を充て、奥大野、河辺、周枳、善王寺には農業構造改善事業を充て、それらの中のソフト事業の補助金を利用して村づくり委員会の事業を展開していった。

本稿では紙幅の関係上、村づくり委員会を発足させた地区のうち特徴ある活動を展開した地区を取り上げる。村づくり委員会を立ち上げた地区の中には、実質的には農産物の直売のための組織にしていた地区もあれば（延利）、既存の地域団体がまちづくり活動をしているのに被せる形で区の役員が本人たちに知らせずに村づくり委員会の看板を掛けていた地区もあり（周枳）、活動形態は様々となっている。ここでは活性懇話塾といった人材育成の講座に参加していた者がリーダーとなって組織を引っ張っていく形であった地区（谷内、常吉）と、特にリーダーは存在せず全員参加型で進めていた地区（奥大野）を取り上げる。

2　谷内区における村づくり委員会の活動

旧大宮町から村づくり委員会の設置を要請された谷内区では、活性懇話会で研鑽を積んでいた川村嘉徳氏[10]が委員長となり、村づくり委員会を発足させた。委員会の委員はこれまでの村づくり活動を展開していた組織・団体から選出した。具体的には、崇山《あらたやま》開発委員会の代表、土地改良の企画委員、女性の朝市グループ「ひまわり会」と農地の受託グループとなる「谷内青年21プロジェクト」の代表の合計七名で構成された。この七名で農地の集約化、崇山の開発などを盛り込んだ将来構想や、活性化計画を作成した。

当初の村づくり委員会は、産業祭（現：生き活きフェスタ）に出品する産物を集めるための組織に過ぎなかった。しかし、一九九七年に谷内区の人々が合計四〇〇万円を出資し、農業生産法人「㈲丹後路たにうちファーム」を立ち上げ、コミュニティビジネスを展開し始め、状況は大きく変わった。そこでは、地域で獲れた農産物の加工直売所、高齢化で管理できなくなった農地の維持管理を担う仕組み、高齢女性が家庭で作った野菜の販売、地域の人々の居場所としての食堂づくりなど、地域の課題を解決し雇用を創出していく事業の展開を予定し、まずは農産物の加工直売所から始めた。

また、「たにうちファーム」の拠点施設となる「畔蔵」が構想された。谷内区の住民である旧大宮町

図６　開店当時の「畔蔵」の様子

（出典）丹後路たにうちファーム・大宮町産業振興課（1998）を筆者が編集した

の助役にこの構想を伝えたところ、先述の産業振興課の川口氏が担当となり、総合整備事業の補助金を活用して進められるようになった。畔蔵は谷内公民館横のスペースに一九九七年一一月一日にオープンし、谷内地区の村づくりの拠点施設となった。谷内地区の「たにうちファーム」は常吉地区の「村営百貨店」（後述）とともに農村の最先端を歩んでいると評価された。

　このような川村氏の構想による「たにうちファーム」は、地域の課題をビジネスで解決していく社会企業（ソーシャルエンタープライズ）であった。「たにうちファーム」での事業実施を通じて地域課題が解決され、人々が潤い、地域が活性化していく形であり、農村活性化のお手本のような事例であった。一方で、村づくり委員会の委員長と「たにうち

図7　「畔蔵」の現状

（出典）筆者撮影
注）1.　蔵の前には新たな販売所ができている。

ファーム」の社長の両方を川村氏が兼務したため、立ち位置が村づくり委員会の活動からビジネスにシフトせざるを得ず、村づくり委員会としての地域自治活動は停滞していった。

　順風満帆に進むかに見えた「たにうちファーム」であるが、想定した農地の集約管理について、ファームへの預け入れにより土地が戻ってこなくなるのではないかと土地を所有する農家が躊躇したため、事業は棚上げとなり加工部門のみで続ける形となった。また、開業当初は食堂を経営し、地域の人が誰でも畑の帰りに長靴を履いて気軽に立ち寄れる場所でもあったが、二〇〇〇年に交代した店長が食堂の営業を止めたため、その後は加工と直売を行う施設となってしまい現在へと至っている。なお、朝市は高齢者の女性グループで行われており、後継者がいなかったため事業体制が維持できず、二〇年続けられた後に終了した。その代わりとして、農家が作った農作物を「畔蔵」で販売している（図7）。「たにうちファーム」の立ち上げ時に出資が募られたが、その際には、川村氏の意向から限られた人にしか声をかけなかった。そのため声のかからなかった人々の「たにうちファーム」との関わりは希薄になってしまった。また、町内には農家ばかりではなく勤め人もいたため、その人々との接点を持たぬままビジネスを展開していた。地域の課題を解決していく主体を地域の人々全員が支援する形には至らなかったので、当初の勢いを維持していけなかった。

現在、谷内地区では農地の維持管理問題を抱えている。これに鑑みると「たにうちファーム」の立ち上げ時に川村氏の構想した農地の管理集約は当時の最先端をいく発想であり、その時の農地保有者はまだ自らで耕作できる状況であったため、リーダーが示した先見の明のある農地の管理集約への理解が及ばなかった。この点についても持続的な地域づくりには至らなかった原因のひとつになったといえる。

3　常吉地区における村づくり委員会の活動

下常吉区では、当時の区長であり活性懇話塾副会長であった大木満和氏(11)を中心に、区内の青年が集う「10日会」(12)を母体として一九九五年に「下常吉村づくり委員会」を組織した。三〇代から五〇代の農業者、サラリーマン、自営業者、主婦等二一名で構成されたが、実質的な運営は、大木氏と懇意にしている廣野幸生氏と廣野公昭氏(13)の三人を中心に、活動の趣旨に賛同して協力していた五人の合計八人が主要なメンバーとなっていた。

当初は「行政に頼らない」スタンスとし、「難しいことを言わず、楽しいことをやる」という方針で活動を始めた。離村による人口減少により集落機能の崩壊が時間の問題という状況の中で、廃れていた地区の祭りの復活、老人会との共同活動、お寺でのジャズコンサート、小学校で故郷の良さを子どもに教える「寺子屋塾」等のイベントを開催し、参加者に「楽しい」「面白い」を実感してもらいながら、地域の雰囲気が明るくなり連帯感が強まるような取り組みを行っていった。その後、地域活動への資金を獲得するため、行政とともに歩んで農村関係の補助金を得て活動を展開するようにし、村づくりへの活性化構想や活性化計画を策定していった。そこでは、コミュニティ施設対策、農林業対策、生活環境対策、人材育成対策を掲げた。

活動が軌道に乗り始めた一九九六年、突然、経営合理化を目的とした統廃合のあおりを受け、JA常吉支所の廃止が打ち出された。高齢者にとっては日々の買い物の唯一の場所であり、用地や建物は常吉村の寄付で村民の共有財産であるという認識であったため、農協の支所や小売店の閉鎖は村消滅の危機であった。よって、常吉区民全体での大きな反対運動に発展していった。

JAと何度も話し合いを重ねていくなかで、大木氏は村づくり委員会の廣野幸生氏と廣野公昭氏で育んできた「村営百貨店構想」を提案したところ、その場にいた区民から拍手喝采を受け、開店に向けての準備を進めていった。その際に、下常吉村づくり委員会に上常吉も加わり「常吉村づくり委員会」と改称し、百貨店の運営を支援していくようになった。また、コアメンバーの三名が百貨店の設立者でもあったため、村づくり委員会の活動と百貨店の運営との線引きが曖昧になって事業が展開していった。

地域住民からの出資を募ったところ、三三名（戸）から三五〇万円資金が集まった。この資金を基に農業生産法人「㈲常吉村営百貨店」が設立され、約一年間の準備期間を経て、一九九七年一二月六日に「常吉村営百貨店」が開店した。広さは三〇坪だが農産物から日用品まで多様な品物を取り扱うことから「百貨店」という名称を掲げ、村づくり委員会との協力を得ながら店舗が運営された。村営百貨店では食品や雑貨品を中心に約二八〇〇点の商品を揃え、高齢者の見守りを兼ねた宅配サービスも行った。

また、村営百貨店の組織内に、農作業受託部会、施設園芸部会、生産部会を設置し、それぞれ、農作業

図８　常吉村営百貨店

（出典）常吉村営百貨店・大宮町農林課（2003）を筆者が編集した

の代行・請負、八棟のハウスでの野菜栽培と村営百貨店を通じた近隣スーパーへの販売、農産物の生産・加工を行った。地域住民ならば誰でも村営百貨店に出荷でき、家の畑で作った農産物を持ち込み、販売利益の二割を受け取る仕組みも作り、高齢者の生きがいや小遣い稼ぎにも貢献した。このように、村づくり委員会で策定した活性化構想や活性化計画は、村営百貨店の事業を通じて行われる形になっていった（図８）。

　村営百貨店は老若男女が集い交流する地域の拠点となるとともに、住民の幅広いニーズに応え、くらしを守る様々なサービスを考案し地域に貢献していった。これらの活動は高く評価され、二〇〇〇年に自治大臣表彰、農林水産大臣表彰、日本農林漁業振興会長賞、二〇〇一年には農業会議会会長表彰を受けた。

　順調に進んでいるかに見えた村営百貨店の経営は、二〇〇二年一二月末に農作業受託部会の部会長が借金の保証人でいきづまり農作業の代行・請負が難しくなり、二〇〇三年には一〇〇万円の赤字を計上した。また、大型店出店の影響を受けて経営状況は悪化し、二〇〇七年には一〇〇〇万円の赤字を抱え閉店の危機に追い詰められた。「百貨店がなくては生きていけない」という高齢者からの嘆願書もあり、二〇〇八年からは村づくり委員会のメンバー一〇人が中心となり店番や宅配にボランティアで協力する体制が生まれ、経費削減や在庫調整などの努力を重ね順調に赤字を減らしていった。大木氏は三年間無給で働き続け赤字解消に努めた。

しかし、その大木氏が二〇一一年一一月末に病気で入院してしまい、治療に専念するため村営百貨店の撤退を決めるに至った。(14) 二〇一二年八月の臨時株主総会で出資者の了解を得て、八月一九日に村営百貨店は一五年の歴史に幕を閉じた。

その後、農林水産省の事業である「田舎で働き隊」で大阪から常吉に移住したのをきっかけに、ボランティアとして村営百貨店を手伝っていた東田一馬氏が店舗を引き継ぐ意思を表明した。地域住民を問わず老若男女四六名が参加して「新しいつねよし百貨店を考える会」が開催され、新たな百貨店への意見をまとめ、それを反映する形で二〇一二年一一月に「チャレンジ！ つねよし百貨店」をオープンさせた。村営百貨店時代のスタッフは裏方に回ってもらい、東田真希夫人(15)が代表者、東田一馬氏は運営担当者として店舗を経営していくようにした。商品棚のスペースを1／4に縮小し、そこに「休憩スペース」や「子供スペース」を用意し、地域の拠点としての役割を強化するようにした。なお、二〇二二年からは、東田一馬氏が代表・運営責任者となった。現在つねよし百貨店は、村営百貨店の理念を受け継ぎ、農家や高齢者の暮らしを支えながら、地域のコミュニケーションの場として機能している（図9、10）。

現在の村づくり委員会は、コアメンバーの廣野幸生氏の死亡や東田氏が百貨店運営を始めたため、代

図９　現在のつねよし百貨店

（出典）筆者撮影

図10　つねよし百貨店の店舗内

（出典）筆者撮影

表者を置かず、会計の役職を担当する高齢者を中心として年一度の生き活きフェスタに出店するための組織として存在している。しかし、人手がおらず、その実施は最近の若者で構成された10日会が担っている。よって、村づくり委員会の役割はほぼ終えた状態にある。一方、コアメンバーの三名が強力な推進力で組織を引っ張っていったため、数々のイベントにより地域は盛り上がったものの、女性や若者も含め広く住民を巻き込みながら活動していく形とはならなかった。当初村づくりの活性化構想や計画で掲げた人材育成が、地域活動への参加を通じて十分になされず今日へと至った様相を呈している。今後の地域運営のための人材育成を考えると、つねよし百貨店を拠点にして十日会の活動を展開していき、その過程で長期的なスパンで人材育成を行っていく方策が考えられる。

4　奥大野区における村づくり委員会の活動

奥大野区では、一九九五年八月に区の組織として一九名で「奥大野村づくり委員会」を立ち上げ、活性化構想の策定を始めていった。そして一年後の一九九六年六月に「奥大野活性化計画書」を完成させた。そこでは活性化への重点課題を①農業後継者育成、②高齢者対策、③青少年健全育成対策、④生活環境美化対策とした。これらの重点課題に取り組むために委員を一〇名増員して二九名とし、少人数で活動する班を編成した。したがって、村づくり委員会は全体会と重点課題の解決にあたる班活動の二つにより取り組む体制となった。

しかし、このような実施体制が整ったものの、奥大野区は五十河五地区のようにハード整備事業が直ぐになされる状態でないため、「話し合いだけでは進歩がない」との意見が出された。そこで具体的な行動を起こすべく委員から「奥大野区内を流れる常吉川の堤防の草刈りから始めよう」と提案がなされ[16]「ふるさとの川をふたたび！」をテーマに、堤防の草刈りと「土手焼き」[17]を呼び掛け、区民のボランティア約七〇人が協力する取り組みとなった。

この取り組みはその後も続けられ、三年目には一〇〇名のボランティアとなった。そして作業により昔のような堤防の姿が現れて川の流れが見られるようになり、子どもたちが学校帰りに水遊びをするようにもなっていった。また、草刈りによって堤防のいくつかの決壊箇所が見つかり、その後京都府の河川改修が計画され、二〇〇〇年からは親水河川や河川公園も含めた整備が行われていった[18]。そして、河川敷に完成した公園では、お盆に帰省者とともに楽しむ納涼祭や「くらがき音楽祭（DOTEコンサート）」が開催されるようになった。

一方、各班の活動も展開されていった。生活環境美化対策班は地域の「花づくり会[19]」と連携して、集落の沿道にさくら草のプランターを設置して花街道を演出する「花いっぱいの村づくり」を展開していった。この準備にあたっては盆過ぎから苗作りや土作りを行い始め、一一月に多くの区民が参加してプランターへの土入れや苗の植え付けといった定植作業を行い、ハウスで栽培した後、三月初旬に道に並べていった。ピンクの花で彩られた沿道を他の地区からも見に来る人々もおり、自らの地区を誇りに思えるような意識が育まれていった（図11）。また、二〇〇五年五月からは村づくり委員会の支援の下でオープンガーデンネットワークを開催し、期間中にオープンカフェを行っている。

高齢者対策・青少年健全育成対策班については、一九九七年に「高齢者との話し合い」や「小・中・高校生との交流会」を開催し、それぞれの世代の思いや奥大野の村づくりについてヒアリングを行った。また、二〇〇一年には高齢者を対象としたアンケート調査を行い、広く高齢者が生きがいを持って暮らせる村づくりを行う必要性を認識した。そして、二〇〇四年に高齢者対策として「奥大野生きがい

図11　花いっぱい運動で並べられたサクラソウ

（出典）筆者撮影

活動グループ紹介ガイド」を作成し、全戸に配付した。趣味のグループやサークルへの参加を促し、高齢者が元気で生涯現役の生活を楽しめるように支援していった。

農業後継者育成班では、二〇年後の農業を見据えた際に浮かび上がる、農業従事者の高齢化、後継者不足、農地の流動化といった課題に対し、その解決策としての集落営農の可能性を探っていった。一九九七年に農家や若者向けにアンケート調査を行って状況を把握した上で、土地持ち農家を対象に今後の地域農業づくりの話し合いを行っていった。二〇〇二年には、農家・地権者、それ以外の住民も含めて「奥大野地域農場づくり協議会」を立ち上げ、少子高齢化に伴う担い手不足の解消、土地利用、農地の集積、特産品開発等について、収入を確保しながら持続性のある地域農場づくりを推進する策を検討し、土地利用計画や担い手等の計画を作成した。しか

図12　「楽農くらがき」の拠点となるライスセンター

（出典）筆者撮影

し、若手農家や農業非従事者が計画づくりを主導していたため、当時の主流をなしていた慣行農法の個人完結型の農業従事者には受け入れられず、計画はお蔵入りとなった。

その後、協議会の検討メンバーが主体となり、自然環境の保全・活用、楽しく儲かる農業の推進、新規就農者の増大や人材育成、高齢者・女性の就農支援に寄与する組織となる農事組合法人「楽農くらがき」を二〇〇二年に一五人で立ち上げた（図12）。生産した農産品を販売しながら体験農業の推進や新規就農支援も行い、地域の農業の核となる組織を目指して農業活動を展開していった。その後、区内の農地所有者の高齢化で農地貸付が現実化したため、二〇一八年に奥大野区が主導して「奥大野農用地等利用改善組合」を設立して農地貸付けの受け皿とするとともに、「楽農くらがき」への農地の集約により集落営農を進めていく形を作り、耕作放棄地を出さない体制が生み出されていった。現在奥大野区における耕作放棄地はほとんどなくなってきた。約二五年前に村づくり委員会で描い

図13　倉垣桜公園

（出典）筆者撮影
注）2. 現在では京丹後市の観光スポットとなっている。

た構想が、時を経て紆余曲折の上に実現した形となった。

重点課題への班編成はその時々の状況により見直され、二〇〇一年からは「名所づくり班」が編成され、区有林六〇〇〇㎡を「倉垣桜公園」として整備し、地域に新しい名所を造る取り組みが行われた（図13）。住民に呼びかけて協力者を募り、雑木を伐採し、そこに桜の木を六五〇本植えていった。その際、苗代や管理経費の捻出のため桜のオーナーを一本三〇〇〇円で募集し、住民に販売して完売した。さらにオーナーを追加募集して桜公園の面積を増やしていった。現在は一〇〇〇本の桜が五〇〇〇株のツツジとともに花を咲かせる観光スポットとなり、四月には桜祭りを開催し、町外からも来訪している。なお、花いっぱい活動と名所づくり活動は、二〇〇八年には農林水産省主催の美の里づくりコンクールで審査委員特別賞を、二〇一七年には緑化推進運動功労者として内閣総理大臣賞を受賞した。

このような村づくり委員会の実践が展開できたの

図14　奥大野区の拠点となる奥大野公民館

（出典）筆者撮影

は、産業振興課の川口氏が地元の奥大野区で村づくり委員会の事務局長となって活動を支えていたからでもある。川口氏は他地区で村づくり委員会の立ち上げや活動支援を行っている反面、自らの実践や経験に乏しいと痛感していたため、居住する奥大野区で実践して経験を積もうと考え、事務局として村づくり委員会を支えていた。このポジションに事業を推進している産業振興課職員である川口氏がいたことも、村づくり委員会の活動が続いていた大きな要因である。なお、その後川口氏は二〇一〇年に区長になり、現在でも引き続き奥大野区の舵取りを担っている。多くの区民と面識を持ち、行政や他区の活動団体との幅広いネットワークを持つ川口氏は、奥大野区を「最先端の田舎」にすべく、地域自治の広域化にも取り組み、移住支援をはじめとする様々な先進的な取り組みを行っている[20]。

現在の奥大野区の村づくり委員会は、班活動が整理され「名所づくり班」、「花づくり班」の二班構成となっているが、委員は七二名体制として従来からの区の行事やイベントの実施主体となって機能している。絶えず新たな委員を加えていき世代交代を進め、活動を通じた人材育成を続けている。奥大野区にとっての村づくり委員会は、いわば人材育成装置とも言え、区の地域自治を行っていく上での屋台骨となっている。区長の川口氏は、今後は区民全員を村づくり委員にしたいという構想を抱いている（図14）。

四　人口減少社会における民主的な地域づくりのあり方

村づくり委員会は、地域コミュニティの活用による農業振興や農村社会の構築を目指していくという産業振興課の中西氏と川口氏の壮大なビジョンを基に、UR対策のソフト関連の補助金が背景に存在していたため活動が展開できていた。今日では同じ状況ではないため同様の展開はできないが、村づくり委員会の活動手法からは今後の人口減少社会における地域づくり活動への示唆が抽出できる。最後にその点について述べていきたい。

1　参加の場の確保

地域活動の場がなければ活動が展開されず、自ずと地域の活力は低下していく。それに伴い地域の紐帯は薄れ、住民の地域への関心も薄くなり、地域自治の基盤が脆弱になっていく。

何もしなければ地域側に負担は生じないが、そこからは何も生まれず地域の状況はより悪化する。人口減少社会とは言え地域に人がいないわけではない。村づくり委員会のような組織であれ小規模多機能自治のような組織であれ、地域の実情に沿った地域の人々が参加し自治の取組みを行える場を行政側が積極的に提供し、軌道に乗るまで可能な限り伴走支援を行っていくことがまずは期待される。

2　今後の地域づくりの方向性

村づくり委員会の活動は地域の事情に従って様々な形で展開していった。意気込みに満ち溢れたカリスマ的なリーダーが組織を引っ張っていった地区では、短期的にはマスコミに取り上げられるような目に見える素晴らしい成果を残した。しかし、当該リーダーの活動が停滞すると、それ以降の展開は先細りとなっていた。また、先見性があり執行力があるリーダーであるほど、自らの思いを地域の多数の人々とは十分に共有せずに活動を展開していたため、地域全体で活動の趣旨が共有されず、局所的で一時的な盛り上がりとなっていた。

一方、奥大野区の村づくり委員会の活動は、なるべく多くの人が関わる形とし、少人数のグループも併設して活動し易い体制を構築していた。そして、委員同士でコミュニケーションを重ね、課題解決に向けた無理のない計画を立て、状況に応じて実行可能な事業から取り掛かる形となっていた。そこでは様々な団体との打ち合わせや調整を重ねて水平的な人的・組織的ネットワークを構築していくとともに、可能な限り多くの住民を巻き込む形を作り、地域活動への理解者を増やしながら小さな結果を積み重ねていた。そして事業の実行過程を通じて、取り組む委員は実践から執行スキルを向上させ、地域を担う人材が育成されていき、奥大野区全体としての地域力を向上させていた。

カリスマ的なリーダーが活躍し地域を創造して目覚ましい成果を生み出していくあり方と、幅広い層の人々を巻き込みながら一定の成果を残していくあり方では、置かれた状況にも依存するためより単純な比較はできない。しかし、今後の持続可能な地域づくりの観点から判断すれば、全員参加型の地域づくりの手法の方がより地域に活力を生んでいくと見込まれる。

３　多様な層の人々の参加

村づくり委員会では地区のビジョンや計画の策定から始められた。その過程では、伝統的な社会秩序から地域の運営に関わる機会が持てなかった若者層を委員にし、五年後や一〇年後の展望を語ってもらうようにしていた。そして自由な発想やアイディアを引き出すために実現性の有無にとらわれない対応策を語るように進め、自らの区のあり方や将来の展望を考える機会にした。

このような地域に関わりの薄かった層を取り込みながら自由な議論により地域のビジョンや課題解決法を策定していく手法は、多様な層の意見が反映された合意形成につながり、地域の民主主義を進展させていく。それにより、幅広い層の自治意識を涵養し、地域の自治基盤を堅固としていく展開が期待できる。そして、自らの地域を自らで創造する自覚が涵養され、地域力の維持や地域の発展にも寄与していく。

４　ビジョンや計画の策定と地域での共有

村づくり委員会では、住民参加により五年後一〇年後のあり方を構想し、それに向けた計画を策定していた。しかし、昨今の一般的な地域自治団体のほとんどが、今後のビジョンなどは定めず、例年どおりの事業を淡々とこなしている状況にある。このようなマンネリ化から、組織の存続についての声が出始め、ひいては組織率が低下する状況を招いてしまう。「何故活動をするのか」が地域でしっかりと共有されていなければ、地域づくり活動は低迷していく。

その意味で、組織のビジョンや計画を策定して地域で共有しておくことは、地域づくり活動のバックボーンとなり、地域組織を支えていく礎となる。また、地域活動の参加メンバーには、活動の根拠が確認できるようになり、当事者意識を喚起し、地域や組織における自らの役割を認識できる機会ともなる。

奥大野区では、川口氏が二〇一〇年に区長に就任した後に区の総合計画づくりを進め、二〇一二年に第一次の総合計画を策定した。現在は区民にアンケートを取ったうえで、第二次の総合計画づくりを行っている。地域づくり活動への根拠の確立と地域内でのその共有が今後の活動へのバックボーンとなるのみならず、広く地域住民を巻き込んだ参加型の地域づくりが進められていく有用な手段となる。

5　継続性確保のための人材育成

地域づくりに継続性を持たせるには、活動主体となる人材をどう確保し続けるかが大きな課題となる。カリスマ的なリーダーが現れれば目覚ましい成果が出ようが、必ずしも継続性は確保されない。よって、より多くの人々が組織運営や地域活動に参加していくようにし、その過程で人材育成を行って人材の確保に努めていく手法が有用となる。

奥大野区の村づくり委員会では、委員を増やし続けてきており、今後は全員を委員にする構想を描いている。それのみならず、現在では区の役員に移住者や女性を加える等、より多様な区民が地域自治の運営に携わるような形を作り出している。これにより、活動を楽しんでもらいながら人材育成を行い、今後の担い手づくりとしている。

よっていかに多くの人々や多様な人々を地域自治の活動に巻き込んでいくかが、今後の継続性を左右する要因になる。そのためにも、地域に参加していくきっかけをいかに作っていくか、多くの人が活躍できる出番を作っていくかが地域の運営者に求められる。

6　事務局体制の充実

地域における活動には、黒子となって裏で支える事務局が重要な役割を果たす。村づくり委員会の設置が進められた際には、産業振興課のうち中西氏は地元の河辺区で、川口氏は奥大野区で、河嶋氏は森本区でそれぞれの区の村づくり委員会の事務局を担っていた。河辺地区と森本地区の取組みは紙幅の都合により取り上げられなかったが、奥大野区と同様に幅広い層が参加する地域づくり活動を展開していた。それは中西氏と河嶋氏が事務局となって支えていたからでもあり、事務局体制の充実が村づくり委員会の活動力を左右していた。

事務局に行政経験者がいれば、行政職員として蓄積した専門スキルを活用して自治会・町内会の業務をそれほど負担なくこなせるであろう。また、政策マネジメントサイクルに基づく組織運営を支援していくことも可能となろう。さらには、行政とのパイプを利用した情報の取得や補助金をはじめとした各種申請においても能力を発揮でき、行政と協働して活動を推進していく際には橋渡し役としても機能していくであろう。

ただ、現役の行政職員が担うのは難しいと見込まれ、退職した行政職員の自発的参加を促していくのが現実的な解になろう。

7　役職者の一定期間の固定化

昨今の自治会・町内会の中には、役員の負担軽減から任期を単年度として交代していく形がとられているところもある。確かに個人の負担は軽減されるが、一方では、状況を把握できた頃には交代のタイミングとなり、地域運営に工夫を施していくことが難しくなる。また、蓄積した経験が次の役職者に十分に引き継がれず、毎年一からスタートを繰り返している状況に陥っている団体もある。

そこで考えられるのが、役職者の一定年限の固定化である。再任規程を整備して任期を長期化していくことで、経験を踏まえた地域づくりが可能となり、活動の活性化が展望できる。場合によっては報酬を払い、個人の負担に報いる形をとる必要があろう。しかし一方で、役職者が長期間になると独善的な地域ボス化が進んでいく可能性もあり、その点へのコントロールも検討しておく必要がある。

おわりに

本稿では、旧大宮町時に各地区に設立されていった「村づくり委員会」に着目し、それが展開されていった経緯、三つの地区の住民自治の実践、その活動の展開後の現状を述べるとともに、その実践から今後の人口減少社会における民主的な地域づくり活動への示唆の抽出を試みてきた。しかし、それを前提としなくても良い一般的な要素が浮かび上がった様相を呈する。これは、民主的な地域づくりに必要となる要素は人口減少を前提としなくても普遍的であるからかもしれず、この点については他地区の「村づくり委員会」の活動を見極め引き続き検討していきたい。

人口減少社会とはいえ地域の人口が無くなるわけでない。持続可能な地域づくりの視点からは、地域にいる可能な限りの多くの人で、僅かでも実践できることを一つずつ積み重ねていくことが、後に大きな成果となっていく。よって、「一人の一〇〇歩より一〇〇人の一歩」と言われるような地域づくりの手法が、持続可能な地域づくりのあり方のモデルとなるのであろう。

注

（1）「どちらかと言えば傍流を歩んできた」と中西氏は言う。
（2）この中には、後に谷内地区で「畔蔵」を立ち上げた川村嘉徳氏、常吉地区で「常吉村営百貨店」を立ち上げた大木満和氏や廣野幸生氏、明田地区で「21明田ファーム」を立ち上げた由利進氏、五十河地区の上田賢氏もいた。
（3）Jump Forward Omiya Youth の略。
（4）中西氏はこの視察を通じて、飲ませて、食わせて、夜通し議論をして地域の現状や今後を語りあう取り組みを見て、この形が地域に無関心な者を引き込む手法の一つだと学んだ。
（5）当時は「ハコモノ」行政により、地域が要求していなくてもモノづくりを進めていた。例えば五十河地区では五億円を投じ、小野小町のゆかりに因んだ「小町公園」を整備したが、地域からは「そんなもの要らない」と声が上がっていた。
（6）五十河地区では「五十河会」、明田地区では「名友会」という若者で組織する会が以前から存在し、これらを基盤としたメンバーとなっていた。
（7）ワークショップによる話し合いの後にはお酒が用意され、懇親会が開催されていた。
（8）農業用水と生活用水を併せて供給する水道。
（9）当初は下常吉区で村づくり委員会がたちあがり、その後上常吉区も加わり、「常吉村づくり委員会」となった。
（10）織物会社の経営者。
（11）与謝野町でジーンズ・カジュアルショップを営んでいた。
（12）一九七五年に組織され、下常吉区の青年が月一回集まって議論する場。
（13）以前のスーパー「いととめ」の代表取締役社長。
（14）大木氏は闘病生活の末、二〇一三年に亡くなった。

(15) 二〇一六年四月から京丹後市の市議会議員を務めている。
(16) 以前は牛を飼う農家が堤防の草を餌として活用していたため川はきれいに管理されていたが、竹や蔓や草が生え堤防を歩いたり川へ降りたりもできず、昔のように水遊びや散歩ができない状況となっていた。
(17) 消防の立会いのもとに土手に茂った草を焼くイベント。
(18) そこでは子どもたちも含めたワークショップを開催し、公園計画を作成して整備が進められていく流れとなった。
(19) 第一回丹後天橋立ツーデーマーチの開催にあたり奥大野も通り道となったため、主催者から沿道に花を植えてほしいと依頼を受け、女性二〇名で一九九一年に結成した組織。沿道のみならず家庭も花いっぱいにし、花を通じて交流の輪を広げようと活動している。
(20) 藤井(二〇一七)を参照されたい。

参考文献

金川幸司編著『協働と参加―コミュニティづくりのしくみと実践―』晃洋書房、二〇二一年。

川口勝彦「京丹後市の合併と奥大野の地域づくりについて」京都自治体問題研究所編『京都自治研究』第6号、二〇一三年、五一-六八頁。

京都府大宮町「大宮町農村総合整備計画書」、一九九六年。

京都府大宮町「広報おおみや」一九九五年七月号。

京都府大宮町「わがまちクリック 集落単位の地域づくりで町全体に元気をもたらす―大宮町村づくり委員会の取り組み―」国土計画協会編『人と国土21』29(2)、二〇〇三年、五四-五七頁。

くらしと協同の研究所編「第15回総会記念シンポジウム報告集 地域社会と協同力=家族、コミュニティから今の暮らしを考える=」通巻50号、二〇〇七年。

種森ひかる「空き家になった農協支所施設を活用　村の暮らしと農業を守る『地域の百貨店』」農山村文化協会編『自然と人間を結ぶ』〇五年二月号、二〇〇五年、五八－六五頁。

丹後路たにうちファーム・大宮町産業振興課「日本一の村づくりをめざして」、一九九八年。

常吉村営百貨店・大宮町農林課「元気村のふれあいデパート」、二〇〇三年。

中川幾郎編著『コミュニティ再生のための地域自治のしくみと実践』学芸出版社、二〇一一年。

中川幾郎編著『地域自治のしくみづくり実践ハンドブック』学芸出版社、二〇二二年。

中西敏行「村づくり運動から新たな農協づくり―京都府大宮町・常吉村営百貨店―」『農業と経済』64（10）、一九九八年、二九－三六頁。

藤井誠一郎「集落支援の現状と今後の府県機能への展望―京都府北部地域を事例として―」行政管理研究センター編『季刊行政管理研究』No.157、二〇一七年、三二－四七頁。

藤井誠一郎「地域運営組織と『外部』人材」後藤・安田記念東京都市研究所編『都市問題』vol.108、二〇一七年、六七－七六頁。

藤井誠一郎・加藤洋平・大空正弘「『住民自治組織』の実践と今後の展望―滋賀県長浜市の「地域づくり協議会」を事例として―」、地方自治総合研究所編『自治総研』（406）、二〇一二年、六一－八一頁。

森本村づくり委員会『「川をきれいに」の取組み　竹野川を守ろう!!　ふるさとを守ろう!!』二〇〇七年。

渡邉信夫「山村の元気と希望とは―京都府大宮町の活動から―」全国農業共済協会編『月刊 Nosai』52（1）、二〇〇〇年、二四－三五頁。

参照WEB
NPO法人丹波・みわ
「住民が声を出し自らの暮らし守る」
http://www.tanba-miwa.net/2010tanbamiwa/10-12.pdf（二〇二二年一〇月一四日参照）

チャレンジつねよし百貨店のＷＥＢサイト
「「チャレンジつねよし百貨店」～笑顔の集まる場所～」
http://e-mura.jp/tsuneyoshi/　（二〇二二年一〇月一四日参照）
ニホン継業バンクのＷＥＢサイト
「地域の暮らしを支える日本一小さな百貨店「つねよし百貨店」継業一〇年目のリアルストーリー」
https://keigyo.jp/succession/succession30/　（二〇二二年一〇月一四日参照）
ＮＰＯふるさと回帰支援センターのＷＥＢサイト
「百貨店のある故郷は、最先端のコミュニティスポットがある暮らし。住みたい街づくりを地域とともに」
https://www.furusato-web.jp/iju/kyoto-kyotango/　（二〇二二年一〇月一四日参照）

ヒアリング
二〇二一年　七月三一日　口大野区　谷内区　河辺区
二〇二一年　八月二〇日　下常吉区　五十河区　明田区
二〇二一年　九月　一日　周枳区
二〇二一年　九月　九日　三重区　森本区　延利区　久住区
二〇二一年　九月一〇日　善王寺区　奥大野区
二〇二一年一〇月一五日　上常吉区
二〇二一年一〇月一六日　新宮区　前産業振興課長中西敏行氏

（ふじい　せいいちろう・行政学）

Ⅱ　まちづくり行政の現状と課題

1　自治権としてのまちづくり権の法的性質とその課題

長　内　祐　樹
（金沢大学）

一　はじめに

周知のように「まちづくり」として紹介される事例は多様かつ豊富に存在する。本報告は、その存在が広く認知されているにもかかわらず、その多様性・多義性ゆえに実体的な権利としての像を結び難い「まちづくり」を、単に実際の取り組みを表す概念ではなく、裁判的保護の対象となる「まちづくり権」として捉えその実効性を担保しようとする場合に課題となる、「まちづくり権」の理解のあり方、現行争訟制度並びに法理論上の課題などについて検討を加え、法学的見地からの「まちづくり権」保障に向けたひとつの方向性を提示することを目的とする。

二　自治体の「自治権としてのまちづくり権」を保障する意義

1　「まちづくり」の多義性

近年、人口に膾炙している「まちづくり」という用語における「まち」とは、「一定の地域に住む人々が、自分たちの生活を支え、便利に、より人間らしく生活してゆくための共同の場」であるとされ、(1)また、「まち」を「つくる」という場合、「共同の場」としての「まち」を構成する物の構築のみならず、その「まち」をその「まち」たらしめる作用（ヒトの働きやシクミ）を広く指すものとされる。(2)

このような「まちづくり」という概念はその多義性・多様性を特徴とする。すなわち、「まちづくり」の対象領域を見ると、ハード面では公害防止等の環境系、景観・都市デザイン系、土地利用調整系、地区まちづくり系、あるいはこれらを総合的に運用する総合的まちづくりなどが、(3)また昨今では、ひとにやさしいまちづくり、福祉のまちづくりといったソフト面での「まちづくり」も散見される。また、「まちづくり」は、ひとり自治体のみならず、住民や事業者、あるいはまちづくり公社(4)などが相互に協働する場合も少なくなく、そこで用いられる手法も、行政による規制権限の行使や経済的インセンティブといった従来型の行政手法にとどまらず、住民との協働（建築協定の認可　建基法六九条以下）や、事業者との協働（公害防止協定）など多様化している。

2　自治体の「自治権としてのまちづくり権」を保障する意義

「まちづくり」とは、換言すれば「まち」という場のハード・ソフトの充実によって、住民が等しく享受しうる「共同利益」の最大化を指向するものであるともいえよう。(5)そして今日、各地で「まちづくり」が積極的に進められている背景には、「まちづくり」を通じて得られる地域社会全体の「共同利益」には、事業者や土地所有者等私人の私的権利・利益（以下、原則として「利益」と略称する）、あるいは国家的規模の一般公益との比較衡量（たとえば「まち」という公共空間に対する開発行為とその不可逆的・永続的影響の性質や程度についての検証など）を踏まえ、それらに対する一定の優越的価値

「自治権としてのまちづくり権」保障の意義

自治体＝まちづくりにおいて主導的な役割を果たす存在
⇒「自治権としてのまちづくり権」保護＝「共同利益としてのまちづくり権」に資する。
・「自治権としてのまちづくり権」侵害にする争訟≒団体訴訟的機能。
⇔「まちづくり」という地域社会全体の「共同利益」に属する事柄を、特定の住民の訴訟提起に委ねることは、当該住民にとっては過剰負担
＝「まちづくり」に関しては、むしろ自治体こそが原告となるべき事柄

・「自治権としてのまちづくり権」保護⇒「まちづくり」における住民自治の対外的防御機能・域内充実機能も見込める。
＝「自治権としてのまちづくり権」に基づく自治体の裁量権の（対外的）保護
＝自治体の裁量権保障＝協働型まちづくりを保障しその余地を拡大する。

が認められるのだという共通認識があるように思われる。

そしてこのように「まちづくり」を通じて拡充される地域社会全体の「共同利益」に一定の優越的価値が認められる場合には、これを第三者（国や他の自治体、事業者等の私人）からの侵害に対抗しうる裁判的保護の対象となる権利・利益、すなわち「まちづくり権」として把握する必要性が生じる（便宜的に「共同利益としてのまちづくり権」と呼称する）。

またこの場合、自治体の「まちづくり」行政を、「自治権としてのまちづくり権」を裁判的保護の対象となる利益としてとらえることには、この「共同利益としてのまちづくり権」の拡充にとっても大きな意義があると考えられる。

すなわち、個々の住民の個別的利益（たとえば良好な生活環境を享受する利益や景観利益など）が一般公益に吸収解消され、裁判的保護の対象から外れる場合であっても、それが公益実現を責務とする自治体の「自治権としてのまちづくり権」として保護されれば、それを通じて個々の住民の利益（あるいは地域社会の共同利益）も保護される（団体訴訟的機能）(6)。

また、「まちづくり」には、統治主体としての自治体のみが採りうる（条例、処分、行政指導等）、あるいは自治体が行うこと

が望ましい手法（計画策定等）が存在する。「まちづくり」が、地域における自主的かつ総合的な「まち」の形成権であるとするならば、裁判的保護の対象となる「自治権としてのまちづくり権」を自治体に保障し、「まちづくり」に対する国等による過剰な制約・侵害を排除可能なものとすることは、地域的協働に基づいた総合的なまちづくりの円滑な遂行にとって不可欠の要請であると言えよう。

このように、自治体に「自治権としてのまちづくり権」を保障することは、自治体自身の「まちづくり」行政（団体自治・自主行政権）を拡充させるものであるとともに、それを通じて地域社会構成員の「共同利益としてのまちづくり権」（住民自治）をも担保・拡充させるものと言えるのである。

3　「まちづくり権」保障と「まちづくり」概念の関係：「まちづくり権の抱えるジレンマ」

「まちづくり権」保障を検討するにあたっては、まず「まちづくり権」という概念そのものの捉え方が問題となる。

一般に、裁判所が「これを受理して事件の実体について判決（本案判決）をすることができ、またしなければならない」[7]「法律上の争訟」（裁判所法三条一項）とは、①当事者間の具体的な法律関係ないし権利義務の存否に関する争いであり（事件性の要件）、かつ②それが法律の適用により終局的に解決可能なものであること（終局的解決可能性）という二つの要件を充足した紛争を指すとされる（最判昭56年四月七日民集三五巻三号四四三頁　板まんだら事件[8]）。

また、ある利益が行政訴訟（抗告訴訟等）上、裁判的保護の対象となるか否かは、法令上当該利益が個別的利益として保護されているか否かによって判断される（行訴法九条の原告適格：「法律上の利益」に係る「法律上保護された利益説」）。

「まちづくり」の多様性・「まちづくり権」

「まちづくり」＝「まち」という場の充実を通じた、住民が等しく享受しうる「共同利益」の最大化を指向。
・住民の幸福追求権（憲法13条）の発露
・「まち」の生成する「共同利益」の優越的価値に対する共通認識

⬇

裁判的保護の対象となる「まちづくり権」として保障
・包括的・上位概念としての「まちづくり権」そのものを裁判的保護の対象とすることの困難性＝「まちづくり権の抱えるジレンマ」

⬇

ボトムアップ型アプローチ
「まちづくり」として認識されている諸活動について、個別的にその裁判的保護の有無を検討

「まちづくり」に関する本章冒頭の説明は、「まちづくり」として認識される領域やその特質に関する包括的説明としては妥当であろう。

しかし、「まちづくり権」を予め理論的・抽象的に定義づけ、そうした包括的概念（ないし上位概念）としての「まちづくり権」を措定し、それを一括して裁判的保護の対象としようとしても、その多義性・多様性という特質ゆえに、権利主体が曖昧、あるいは権利性が希薄であるとの理由から裁判的保護の対象から外される可能性がある。また、包括的概念（ないし上位概念）としての「まちづくり権」について、予め理論的・抽象的に定義づけることは、多義性・多様性を特徴とした拡張的概念であるはずの「まちづくり権」及びその裁判的保護の限定化ないし硬直化に繋がるおそれもある（いわば「まちづくり権の抱えるジレンマ」）。

それゆえ、逆説的ではあるが、現に「まちづくり」として認識されている諸活動について、個別的にその裁判的保護の有無を検討し、それら個別的「まちづくり権」のパッチワークによって構成された総体が包括的概念としての「まちづくり権」を形成するという理解（便宜的にボトムアップ型アプ

ボトムアップ型アプローチとその循環

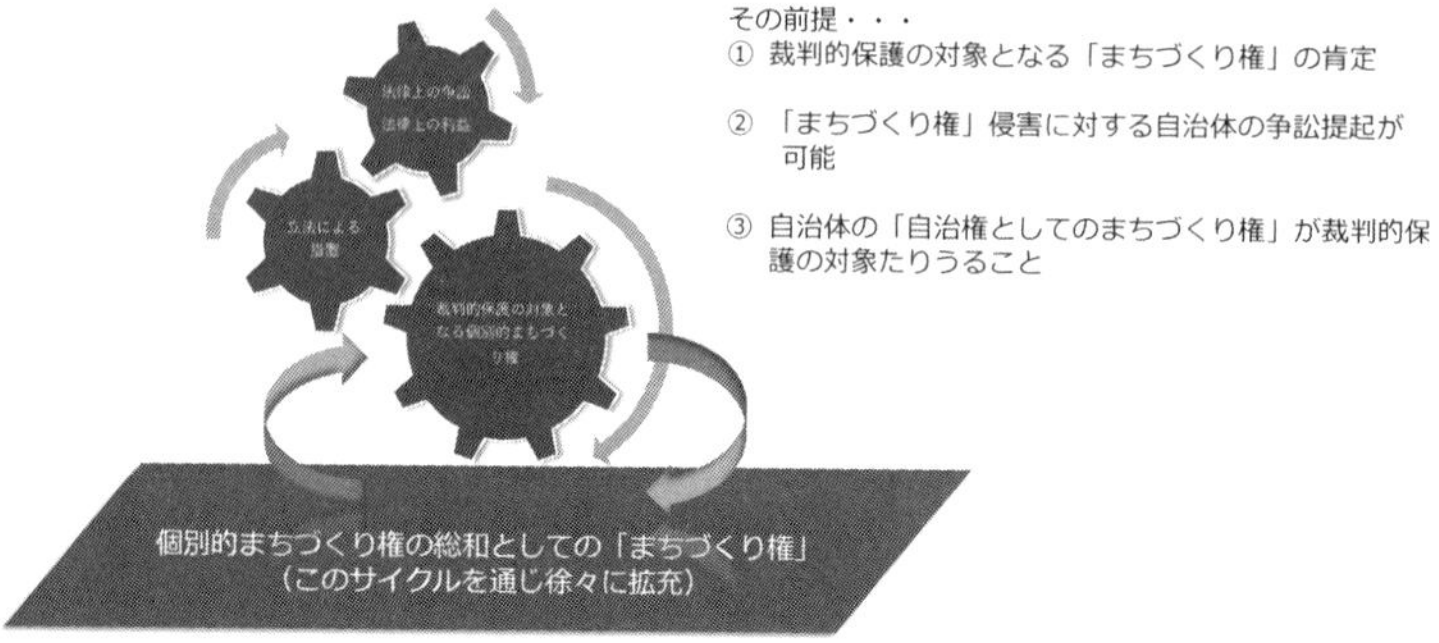
その前提・・・
① 裁判的保護の対象となる「まちづくり権」の肯定
② 「まちづくり権」侵害に対する自治体の争訟提起が可能
③ 自治体の「自治権としてのまちづくり権」が裁判的保護の対象たりうること
法律上の争訟
法律上の利益
立法による
裁判的保護の対象となる個別的まちづくり権
個別的まちづくり権の総和としての「まちづくり権」
(このサイクルを通じ徐々に拡充)

ローチと呼称する。＊図1参照。）が（後述のように、「まちづくり権」に対する裁判的保護の余地が極めて少ない現状においては）望ましいと考える。

この場合、「まちづくり」は、裁判的保護の対象となる「まちづくり権」と、その外縁に位置する、（現状では）裁判的保護の対象とされていない「まちづくり手法」とで構成される。そして後者も、実務の積み重ねを前提とした判例を通じた「法律上の利益」概念の拡張、それを受けての立法という循環を通じて、今後、前者に取り込まれる余地を有しており、こうした事象の積み重ねにより「まちづくり権」が漸増することとなる。さらに、こうしたプロセスにおいて包括的概念としての「まちづくり権」が実体的裏打ちをもって定義づけられるとともに、更なる個別的まちづくり権の拡張が図られるという循環の可能性が生じるのではないかと考える。

もっとも、このボトムアップ型アプローチによる「まちづくり権」の拡充は、①個々の「まちづくり」が裁判的保護の対象となる「まちづくり権」として把握されうること、②「まちづくり権」侵害について、住民に比してリソース面での優位性がある自治体の争訟提起が可能であることをその不可欠の前提とする。

三　自治体の「自治権としてのまちづくり権」保障を取り巻く現状

1　自治体の「自治権としてのまちづくり権」保障を取り巻く現状

「まちづくり」が阻害される場合を、（A）私人（事業者や土地所有者等）の侵害による場合、及び（B）国等（国や都道府県）の関与による場合とに分け、それぞれの場合について、自治体が争訟手続を通じて救済を求めることが現時点において可能か否かを概観する。

A　「自治権としてのまちづくり権」を事業者等の私人が侵害する場合

私人（事業者や土地所有者等）による「まちづくり」侵害の場合、それが代替的作為義務違反であれば、代執行によってその侵害を排除することが可能である（行政代執行法二条）。

他方、代執行が不可能な「まちづくり」侵害の場合、自治体が当該私人を被告として給付訴訟（民事訴訟あるいは行訴法四条の当事者訴訟）を提起することが想定できる。

しかし、この点について、条例に基づく市長の建築工事中止命令に従わない事業者に対し、市が民事差止訴訟を提起した事件に係る宝塚市パチンコ店等規制条例事件最高裁判決（最判平成一四年七月九日民集五六巻六号一一三四頁）は「国又は地方公共団体が専ら行政権の主体として国民に対して行政上の義務の履行を求める訴訟は、法規の適用の適正ないし一般公益の保護を目的とするものであって、自己の利益の保護救済を目的とするものということはできないから、法律上の争訟として当然に裁判所の審判の対象となるものではない（い）」と判示している。(9)

B　「自治権としてのまちづくり権」を国等が侵害する場合

B—1　国地方係争処理制度（地自法二五〇条の七以下）

国等の関与（地自法二四五条）に対する救済制度としては国地方係争処理制度がある。しかし自治体の「自治権としてのまちづくり権」保障の観点からを見ると、同制度の射程は必ずしも十分な広がりを有していない。

すなわち、いわゆる裁定的関与[10]は、地自法上の関与の類型から除外されており（地自法二四五条三号）同制度の対象とならない。しかし、裁定的関与に対する自治体の救済手段が存在しないとすれば、裁定的関与の適法性は担保されず、あたかも国が地方公共団体の上級庁として振る舞うこととなってしまう。[11][12]

また、同制度は、自治体に対する国等の直接的な関与という二面関係を念頭に置いており、国等が当該自治体以外の者に対して行う許認可等について、当該自治体がその許認可等の効力争うといった三面関係も同制度の対象とならない。[13]

B—2　行政訴訟

このように地方係争処理制度が利用できない場合、「自治権としてのまちづくり権」について行政訴訟による救済を求めることは可能であろうか。この点に関しても、宝塚市事件平成一四年最判は強い影響力を有しているように思われる。すなわち、当事者訴訟（行訴法四条）に関して、杉並区住基ネット訴訟地裁判決は、自治体の地位に関する「財産権の主体」と「行政権の主体」との区別を前提に、宝塚市平成一四年最判の判断枠組みは「国若しくは地方公共団体又はそれらの機関相互間の権限の存否又は行使に関する訴訟についても妥当し、（この種の）訴訟も、裁判所法三条一項にいう『法律上の争訟』

に当たらない」とまで言い切っている（杉並区住基ネット訴訟地裁判決　東京地判平成一八年三月二四日訟月五三巻六号一七六九頁）[14]。

なお、通産大臣による別府市に対する日田市内への場外車券場設置許可について、日田市が「まちづくり権」侵害を理由として同許可処分の無効確認訴訟（予備的に取消訴訟　いずれも行訴法三条の抗告訴訟）を提起した、日田市場外車券発売所訴訟地裁判決（大分地判平一五年一月二八日　判タ一一三九号八三頁）は、本件の「法律上の争訟」性については言及しなかったが、日田市の「まちづくり権」は、自転車競技法上、一般公益と別に個別的利益として保護されているとは解されないなどとして日田市の原告適格を否定している[15]。

B―3　民事訴訟（対行政）

自治体が国等による行政権侵害について民事訴訟を提起する場合はどうであろう。当該紛争が財産権に係るものであるといいうる場合には、宝塚市事件平成一四年最判を前提としても、自治体の出訴が認められる可能性はあろう[16]。他方、自治体の課した義務を事業実施主体たる国やその行政機関が履行しないため、自治体が当該義務の履行を求めて民事訴訟を提起するというような場合については、宝塚市事件平成一四年最判の趣旨を拡張的に解する下級審の傾向を踏まえると、「法律上の争訟」性が否定される可能性が高いように思われる[17]。

2　現行行政争訟制度の理論的背景（伝統的「法律上の争訟」観）とそれへの批判

このように、宝塚市事件平成一四年最判及びその趣旨を拡張的に捉える下級審の解釈に基づく現在の争訟制度の運用下では、どのようなものが「自治権としてのまちづくり権」として裁判的保護の対象となるのかという問題以前に、そもそもその前提となる「自治権としてのまちづくり権」侵害に対する自治体の争訟提起自体が極端に制限された（端的に言えば、行政紛争において「行政権の主体」としての自治体は、常に被告として登場し、原告たりえない）状況にある。

こうした状況の背景には、先述した行政争訟に係る「法律上の争訟」（裁判所法三条一項）に関する伝統的理解がある。伝統的理解では、「法理上の争訟」、とりわけ「事件性の要件」につき、国民の裁判を受ける権利や基本権保護機能との関連性が重視される。この考え方は、他方では私人の個別的利益（主観的利益）と公益（客観的利益）の二分論をもたらし、行政機関相互の権限紛争（行訴法六条　機関訴訟）などは、公益保護のための客観訴訟であり、私人の個別的利益に関する訴訟（主観訴訟）に当たらないとされ、その「法律上の争訟」性が否定される（いわゆる「司法権＝法律上の争訟＝主観訴訟」のトリアーデ）[18]。そしてこの機関概念が実質的・相対的概念として把握されたことにより、国と自治体のような行政主体相互の権限紛争も機関訴訟概念に取り込まれることとなる。

さらにこの実質的・相対的機関概念が、私人の個別的利益（主観的利益）と公益（客観的利益）の二分論と再結合し、その結果、宝塚市事件平成一四年最判[19]のように「行政権の主体」としての自治体が出訴した場合、それは当然には「法律上の争訟」に当たらず、個別法に根拠がある場合に限りその出訴資格が肯定されるとの結論が導出されるに至ったものと分析できるのである（相対化された機関概念の主観的利益・客観的利益二分論との遡上的再結合による「限定的法律上の争訟」概念の自己増殖？）[20]。

もっとも、「法律上の争訟」を主観訴訟と等式で結び、私人の個別的利益（主観的利益）と公益（客観的利益）の二分論によって当事者概念を限定し、私人の個別的利益の保護を主目的としない紛争を、一般公益保護のための客観訴訟として一律に「法律上の争訟」から除外することについては、近時、批判的な学説が多い。

そうした近時の学説は、主観訴訟には該当しないが、訴訟による解決が可能な具体的紛争については「法律上の争訟」性を認め、行政紛争における司法審査の対象範囲を拡大しようとする点で共通する。たとえば、「法律上の争訟」の「事件性の要件」につき、「国民の権利・義務をめぐる紛争という要素がなくとも、①具体的対立性、②法的保護に値する利益の侵害の存在、③法律の適用による紛争の解決可能性、④判決の終局性の4要件がある限り、…憲法上の『事件』性を満たす」とし、「形式的には機関相互の紛争であってもただちに行訴法上の機関訴訟に当たると解すべきではなく、当該紛争が『事件』性を有するかどうか、当該機関が裁判的保護を受けるべきそれ自身固有の地位ないし権利を持つかどうかが個別的に判断されるべきであ（る）」とする説[21]はその代表的なものである。[22]

「法律上の争訟」に関する伝統的理解が維持される限り、「まちづくり」は、基本的に、原告たる住民がそれを自身の個別的利益（主観的利益）として引き直すことに成功した場合に限り、当該住民に対する司法救済を通じて間接ないし背景的に「まちづくり権」として保護されるに過ぎない。[23]

しかしながら、こうした状況では、「まちづくり権」の拡充は遅々として進まない。また、「まちづくり」が地域社会全体の「共同利益」に属する事柄であることを考えると、「まちづくり権」保護を特定の住民の訴訟提起に委ねることは、当該住民にとって過剰な負担を強いることともなろう。

したがって、ボトムアップ型アプローチに基づく「まちづくり権」の拡充という観点からは、地域的公益の実現主体として、「まちづくり」に主導的かつ広範な責務を負う自治体の「自治権としてのまちづくり権」を裁判的保護の対象とすることを許容し、それを通じて「共同利益としてのまちづくり権」の保護拡充が図られるというかたちがやはり望ましいと考える。

四　「まちづくり（権）」の保障とその拡充に向けて

1　ボトムアップ型アプローチを担保する司法システムへの転換

「法律上の争訟」についての「司法権＝法律上の争訟＝主観訴訟」のトリアーデは、必ずしも反駁不可能なドグマではない。実際、司法府においても、公益実現主体としての自治体等が行政訴訟を提起することは可能であり、かつその原告適格の認定については私人の場合と異なるアプローチが採られる（あるいは当然に肯定される）べきであるとする見解（那覇市情報公開事件最高裁判決　最判平成一三年七月一三日判地自二二三号二二頁　福田博裁判官の反対意見）、宝塚市事件平成一四年最判の射程は限定されるべきであるとする見解（福間町公害防止協定事件控訴審判決　福岡高判平成一九年三月二二日判地自三〇四号四五頁）などが以前から提示されている。

また、岩沼市議会出席停止処分事件に係る最大判令和二年一一月二五日（民集七四巻八号二二二九頁）は、私人の主観的利益とは一概に言い切れない議員の議事参与権・議決権の性質について特に言及せず、出席停止処分は法令の適用によって終局的に解決し得るとして本件の「法律上の争訟」性を認めている。とりわけ、宇賀克也裁判官はその補足意見において、議員の議事参与権・議決権について「当該議員にとっての権利であると同時に、住民自治の実現にとって必要不可欠」であり「地方議会議員の本質的責務」であると述べたうえで、板まんだら事件昭和五六年最判の判断枠組みを直截的に適用し、本件は「事件性の要件」を充足し「法律上の争訟」に当たるとする。宇賀裁判官の補足意見は、見方によっては、議事参与権・議決権に議員個人の主観的利益としての側面と、住民自治という客観的利益としての側面の双方が存在していることを認識したうえで、客観的利益を理由とした「事件性の要件」の否定（当事者概念の限定）を敢えて避けたものであるとの評価もできよう。

これらの意見は、私人の個別的利益（主観的利益）と公益（客観的利益）の二分論が、近時、司法府においても当然視されなくなってきていることのひとつの表れであるとも考えられる。

したがって、自治体の「自治権としてのまちづくり権」の保障は、少なくも「司法権＝法律上の争訟＝主観訴訟」のトリアーデという伝統的理解から脱却し、近時の諸学説のような考え方（私人の個別的利益（主観的利益）と公益（客観的利益）の二分論の否定）を前提とした「法律上の争訟」概念の再構築を行うならば、日本の現行争訟制度を変更することなく可能なものであると考えられる。

そこで以下では、裁判的保護の対象となる「まちづくり権」、とりわけ自治体の「自治権としてのまちづくり権」の蓄積（ボトムアップ型アプローチ）を通じた「共同利益としてのまちづくり権」の拡充を可能とする司法システムの例として、海外の状況を瞥見したい。

日本と同様、憲法の地方自治に関する規定（基本法二八条）を制度的保障ととらえるドイツの自治体（ゲマインデ）は、国家行政組織のひとつであり、基本権の享有主体ではないが、基本法二八条二項から直接その特別な地位が保障されているとされる[24]。すなわち基本法二八条二項[25]は、地方行政に関する権限の全権限性、及び自己責任性を保障するものであるが、とりわけ後者からは、ゲマインデの「区域を自己の責任で秩序付け、形成する」計画高権[26]（まちづくり権）などが導出され[27]、しかもこの計画高権は、同じく同規定による「裁判所での自治行政権の防御（司法的〔裁判的〕救済）…の可能性の保障」を通じて裁判的に保護されているとされる[28]（「憲法によって直接保護された権利としての自治権[29]」）。

ドイツの場合も取消訴訟の原告適格（行政裁判所法四二条二項）には「権利侵害」が必要とされるが、そこでの「権利（主観的公権）」の解釈については、「基本権が法律による権利状態を補足し（基本権の規範外部的効果）、明らかにする（基本権の内部的効果）効果を公権の解釈に適用する学説（新保護規範説）が登場し、自治体の原告適格は拡大する傾向にある[30]」とされ、計画高権に基づく自治体の原告適格に関しては、「『取消しを請求された計画決定が市町村の法的地位を直接に侵害した場合』は、一般に原告適格が認められ（る）」とされる。[31]

他方、国会主権を憲法原理とするイギリスの場合、地方自治に関する憲法保障は存在せず、自治体（Local Authority）の権限は、国会制定法によって個別的に授権されたものに限定される（権限踰越の法理）。そのため、イギリスにおいて自治体の包括的自主行政権というものは観念しえない（もっとも、現実には、国会が個別的権限の授権という形式で、広範な自主行政権を自治体に授権する場合も少なくない（二〇〇〇年地方行政法上の「福利に関する権限[32]」、二〇一一年地域主義法上の「包括的権限[33]」など））。

その反面、イギリスでは、自治体が、自己の権限に対する侵害について司法救済を求めることは可能である。すなわち、従来から（日本と同様に）自治体が、司法審査請求を通じて自己の財産権に対する侵害行為の抑止を自己の名において求めることは当然可能であり[34]、また、侵害されているのが自治体自身の権限であれば、それが権利ではなくとも裁判的保護の対象となる余地があるとされてきた（団体訴訟的訴訟提起はまた別であるが＝公益訴訟に関しては、リレーター訴訟の許可に関する法務総裁の寛容な姿勢から、別に原告適格を認める必要性はないのではないかという思考[33]）。さらに今日では、国会制定法上、自治体の包括的な出訴資格が認めれている。すなわち、一九七二年地方行政法二二二条一項(a)において、自治体が「そうすることが当該地域住民や当該地域の利益の増進や保護に適切である（expedient）と思料した場合、あらゆる訴訟手続において（in any proceedings）、起訴し、弁護し、出廷することができ、また民事訴訟において、それらを自己の名において為すことができる」ことが明記されている。[36]

また、上訴に関しても、特に第二次大戦後、その原告適格（利益を侵害された者 person aggrieved）は、訴訟マニアやお節介屋（busy body）を排斥するためのものであり、真に利益が侵害されている場合には、誰であれ上訴が認められるべきであるとの理解の下、徐々に拡張され、[37]今日では、個別法上の制限が存在しない限り、原則として自治体を含む法人は、自然人たる個人と同様に person aggrieved たりうることが判例上確立されている。[38]

ドイツ、イギリスは、自治体の自主行政権に関する憲法保障の有無で相違する。しかし、両国とも、日本と同様、行政争訟の原告適格に関し権利侵害を要請しているにもかかわらず、公益実現主体である（行政権の主体としての）自治体の権限を裁判的保護の対象としており、自治体自身の「自治権としてのまちづくり権」、あるいは自治体による団体訴訟的訴訟の提起を通じた「共同利益としてのまちづくり権」が裁判的に保護される仕組みを有している。

2　裁判的保護の対象としての「まちづくり権」

仮に私人と並んで、行政権の主体としての自治体が司法救済を求めることが、一般論として許容されたとしても、個々の事案において、「まちづくり権」が裁判的保護の対象たりうるものとして認められなければ司法救済は果たされない。

この点に関しても、私人の個別的利益（主観的利益）と公益（客観的利益）の二分論を前提に、後者のみを裁判的保護の対象とする訴訟観（「司法権＝法律上の争訟＝主観訴訟」のトリアーデ）が課題となる。

たとえば、日本の行政訴訟（抗告訴訟）において原告適格（行訴法九条）が認められるためには、被侵害利益が「法律上保護された利益」であることを要する。これは、被侵害利益が処分の根拠法規上保護されているといえること（保護範囲要件）に加え、当該利益が公益としてのみならず私人の個別的利益（主観的利益）として保護されていることをも要する（個別保護要件）[39]。

こうした私人の個別的利益と一般公益の二分論を前提とすると、地域社会全体の「共同利益」である「まちづくり」は、原則として公益に属する事柄である（個別保護要件を充足しない）とされ、裁判的保護の対象から外れてしまう（日田市場外車券発売所訴訟）。

しかしながら、公益はいわば私人の個別的利益の総体であり、両者に差異があるとするならば、それは質的なものではなく救済の現実的必要性の程度の違いであると思われる。

「まちづくり」は、国家的あるいは抽象的な一般公益に吸収解消されるほど曖昧なものであるとも言いえず、いわば、私人の個別的利益と一般公益の両者の中間に位置付けられる地域社会の「共同利益」である。

したがって、「まちづくり権」の個別保護要件充足性に関しては、私人の個別的利益と一般公益の二分論を排し、その中間的利益である「共同利益」の存在を認知し、そのうえで私人の個別的利益の場合とは異なる考え方によって判断されるべきであると考える[40]。

この点、「まちづくり」等の「共同利益」の裁判的保護の可能性に関しては、「まち」という「地域空間における、個々の利益に分解して捉えることのできない諸利益を、『共通利益』として法的に補足（し）[41]」、その法的な価値に関しては、「土地の特性に基づき、具体的に形成されている共通利益の認定」

の仕組みのシステム構築を通じ、「具体事情に応じて利益についての法的性質の決定を行う[42]」。あるいは、個人の個別的利益に該当しないが、一般公益にも吸収解消されえない独自性を有する利益を「行政法規から多数の住民が享受する…『共同利益』ないし『集団的利益』という第三の利益類型として把握すべきであり、行政法の特質は、かかる集団的利益や共同利益を一般公益から区別してそれ自体を保護することにある[43]」と捉え、主観訴訟・客観訴訟の峻別を排し、「共同利益を、可能な限り主観訴訟の枠内での救済対象に取り込むと同時に、両者の中間領域を、団体行政訴訟等の第三の訴訟類型の創設によりカバーできるような制度設計…を目指すべき[44]」との説などが今日提唱されている。

3　「自治権としてのまちづくり権」を通じた「まちづくり」拡充に向けて

一般公益と私人の個別的利益の二分論では捕捉しえない中間的な「共同利益としてのまちづくり権」侵害に対し、「行政権の主体」としての自治体が裁判的保護を求め訴訟を提起した場合、その原告適格の有無、換言すれば、自治体の「自治権としてのまちづくり権」に対する裁判的保護の要否（「法律上保護された利益」該当性）について、どのような判断アプローチが採られるべきであろうか。

筆者としては、（「行政権の主体」としての）自治体には、公益実現のために法令上授権された権限について「権限行使を侵害されない利益[45]」があるとの前提に立ったうえで、「まちづくり」が、一般的・抽象的公益と切り離して評価しうる地域社会の個別的・具体的な「共同利益」として認識可能な場合には、それ実現するための自治体の権限、すなわち「自治権としてのまちづくり権」を直截的に「法律上保護された利益」として認定する（個別保護要件）という考え方が望ましいと考える。

たとえば、今日のイギリスにおいては、公益実現主体である自治体等の公的機関については、その公益実現こそが「法律上の利益」として保護されるという理解が黙示的前提として存在するように思われる。

というのも先述のとおり、イギリスの自治体は国会制定法（一九七二年地方行政法二二二条一項）によって出訴資格が認められている。他方、仮に同規定が存在しない場合、「行政権の主体」としての自治体の原告適格は原則として否定されるのかと言えば、少なくとも今日においては、必ずしもそうではないように思われるからである。

自治体の出訴資格を認める根拠規定がない場合、自治体の出訴は、私人と同様、Senior Court Act 1981 s.31 (3) に基づく原告適格（十分な利益（sufficient interest））の有無によって判断されることとなると考えられる。ところが、この場合の自治体等公的機関の原告適格の有無は、少なくとも今日では、私人のそれに関する判断枠組みで検討されるわけではない。たとえば、国会によって創設された独立行政員会である Equal Opportunities Commission（EOC）が、一九七八年雇用保護（統合）法に基づく賃金体系が男女均等に関する EU 法に反するとの通知を労働大臣にしたところ、同大臣が当該体系上の男女差は正当なもとの認められるとの回答をしたため、ＥＯＣがこの回答に関し司法審査請求を行ったＥＯＣ事件（R v Employment Secretary, ex p Equal Opportunities Commission [1995] 1AC1）では、労働大臣による、ＥＯＣは当該事案に関していかなる利益もあるいは合法的期待も有しておらず、また何らの損害も被っていないとの主張にもかかわらず、貴族院は、一九七五年の性差別禁止法は、差別を排除するために活動することをＥＯＣの責務としており（s53(1)）、このＥＯＣの国会制定法上の責務及び公法上の役割（public law role）は、ＥＯＣが「十分な利益」（すなわち原告適格）を有していると結論付けるのに十分なものであると判示した（per Lord Keith at 26.）。

本件において、自己の利益に何らの侵害も生じていないにもかかわらず、ＥＯＣに原告適格が認められたのは、雇用機会均等という公益の実現におけるＥＯＣの役割が重視されたからであると考えられる。すなわち、本判決は、ＥＯＣの原告適格の根拠を、国会の立法による原告適格の肯定ではなく、国会が同委員会を設立した目的に求めているのであり、換言すれば、公的機関の場合、その存在意義が公益実現である以上、そのための権限行使が裁判的保護の対象となるのは当然だと考えられているのではないだろうか。

同様の考え方は日本においても提示されている。すなわち、現行法制度下においても、公益主体である自治体がその固有の資格の下で原告となった場合、「公益保護規定であることは、自治体の原告適格の認定を否定する理由にはならず、むしろ自治体のみが原告適格を有しうることの根拠となる」とも言え、[46]公益主体である自治体が原告である場合、『公益』をさらに分析して、原告に固有の法益としての公益と、しからざる一般的公益を区別する必要があ（り）」、「地域的公益が、国レベルの国家的公益に吸収解消されない地域固有の法益として保護されていると解される場合には、そうした地域的公益も行訴法九条、…の『法律上の利益』と解されるべきである」との説などがその例である。[47]

こうした、公益実現主体であることを根拠に、自治体には、公益実現のために法令上授権された権限について、裁判的保護の対象となる「権限行使を侵害されない利益」が認められるとする考え方が採用されれば、たとえ現行の争訟制度を前提した場合であっても、「自治権としてのまちづくり権」が裁判的に保護されるケースが増加すると予想され、それによってボトムアップ型アプローチに基づく「まちづくり権」の拡充のサイクルも機能し始めると言いうるのではないだろうか。

五　結びにかえて

裁判的保護の対象となる「まちづくり権」の存在が認められない限り、「まちづくり」は、極論すれば単に実際の取り組みを表現する概念でしかない。

これまで見てきたように、現在の争訟制度の運用は「まちづくり」を権利として保障するという観点からみるとほとんど有用性がないと言わざるを得ない。そしてこうした実情は、行政争訟に係る伝統的訴訟観（「司法権＝法律上の争訟＝主観訴訟」のトリアーデ）に起因する、公益実現主体としての自治体の出訴資格の否定、私人の個別的利益と一般公益の二分論による中間的な「共同利益」の黙殺によるものである。

しかしながら、司法救済が保障されない権利は権利とは言えない。「地方自治の本旨」（憲法92条）の下、団体自治の表れとしての自主行政権が自治体に保障されているというのであれば、「まちづくり権」等の個別的自治権侵害に対し、自治体が司法救済を求めることは、むしろ認められて当然の事柄であろう(48)。

「まちづくり権」という観点から見た場合に現行制度が抱える問題点に関しては、今日、多くの諸学説によってその解が既に提示されているように思われる。その意味では、ボトムアップ型アプローチによる「まちづくり権」の保障・拡充は、理論的には実施可能な状態にあると言ってもよいであろう。「まちづくり」の有意性が広く認知され、しかもなお現在進行形でその取り組みが拡張している今日、これを「まちづくり権」として保障する必要性も増している。それゆえ、こうした取り組みの拡充に資するかたちでの争訟制度運用の早急な実現が望まれる。

注

(1) 田村明『まちづくりの発想』(岩波新書、一九八七年) 五二頁。

(2) 田村明・前掲注 (1) 五三〜五四頁。また、木佐茂男も「まちづくり権」につき「そのまちがそのまちであるための権利」あるいは「まちのアイデンティティの尊重」という発想であると指摘する (木佐茂男編『〈まちづくり権〉への挑戦』(信山社、二〇〇二年) 九三頁)。

(3) 小林重敬編著『地方分権時代のまちづくり条例』(学芸出版社、一九九九年) 参照。

(4) 一九九八年中心市街地活性化法 (Town Management Organization TMO)。

(5) 自治体のまちづくり権の根拠を、住民の幸福追求権 (憲法一三条) としてのまちづくり権に求める説としては、木佐茂男編・前掲注 (2) 七五頁。

(6) 同旨、塩野宏『国と地方公共団体』(有斐閣、一九九〇年) 三九頁。また、まちづくり権に「住民の有する権利の集団的行使ないし自治体による代表的行使」としての側面があることを指摘するものとしては、野呂充「地方分権とまちづくり」芝池義一＝見上崇洋＝曽和俊文編著『まちづくり・環境行政の法的課題』(日本評論社、二〇〇七年) 五三頁もある。

(7) 兼子一＝竹下守夫『裁判法 第四版』(有斐閣、一九九九年) 七〇頁。

(8) 学説として芦部信喜＝高橋和之『憲法 第四版』(岩波新書、二〇〇七年) 三二二頁〜三二三頁、雄川一郎『行政争訟の法理』(有斐閣、一九八六年) 四九頁。公定解釈として最高裁判所事務総局総務局『裁判所法逐条解説　上』(法曹会、一九六七年) 二二頁〜二三頁。判例としては、最判昭二九年一一月一七日行集4巻11号二七六〇頁 (教育勅語失効確認決議事件)、最判平元年九月八日民集四三巻八号八八九頁 (蓮花寺事件)、最判平一四年七月九日民集五六巻六号一一三四頁 (宝塚市パチンコ店等規制条例事件) など。

(9) なお、福津市 (福間町) 事件高裁・最高裁判決 (旧福間町公害防止協定事件最判平二一年七月一〇日　判タ一三〇八号一〇六頁) では、自治体・事業者間で締結された公害防止協定を私法契約ととらえ、自治体が協定上の義務履行確保のために民事訴訟を提起することが否定されなかったが、公害防止協定を公法上の契約ではなく私法契約ととらえることに疑問も残り（公害防止協定を公益実現のための手法ととらえる例として、札幌地判昭五五年一〇月一四日伊達火力発電所建設等差止請求訴訟判決　判時九八八号三七頁、山口地裁平成一三年三月八日判タ四二八号一四五頁）、また、自治権を私法的権能と理解することは困難であるため、自治権保障という観点から見た場合、本判決の射程は限定的であろう。

（10）裁定的関与に関しては、さしあたり塩野宏・前掲注（6）三七頁～三八頁、人見剛『分権改革と自治体法理』（敬文堂、二〇〇五年）二七三頁～三〇二頁等参照。

（11）大阪府国民健康保険審査決定取消請求事件（最判昭四九年五月三〇日民集二八巻四号五九四頁、判時七四四号二三頁）や、近時の沖縄県知事による沖縄防衛局に対するサンゴ類の特別採捕許可の取消しについての審査請求において、知事の取消処分を取消すとした農林水産大臣の裁決に対し、沖縄県知事が行った審査の申出について、国地方紛争処理委員会が、二〇二二年七月一二日、審査請求に対する裁決（裁定的関与）は国の関与に当たらないとして却下した事例など（沖縄県辺野古をめぐる国と県の係争に関しては、小川正「福岡高裁那覇支部令和三年一二月一五日（辺野古裁決取消請求事件）判決の批判的検討（上）」『自治総研』五二八号（二〇二二年）二〇頁～四一頁、ほか「特集　沖縄・辺野古と法」『法学セミナー』七五一号（二〇一七）などが詳しい。）。

（12）全国知事会は二〇二一年六月、自治体の責任で行った行政処分に政府が審査請求などで介入するこうした「裁定的関与」の見直しを求めることを決めた（全国知事会『令和四年度　国の施策並びに予算に関する提案・要望』中の「22 地方分権改革の推進について三地方分権を実感できる改革の深化（5）裁定的関与の見直し」において「国や都道府県が審査請求・再審査請求を受けて行う裁定的関与については、地方自治体が「自らの判断と責任で行政を運営する」という原則に立ち、国と都道府県、市町村それぞれが対等な立場で責任を果たせるよう見直すこと。」との提言がなされている（二〇二一年六月一〇日　http://www.nga.gr.jp/

ikkrwebBrowse/material/files/group/2/R4kuninosesakunarabiniyosannikansuruteianyoubou.pdf)。

(13) たとえば、国土交通大臣が鉄道建設・運輸施設整備支援機構の北陸新幹線工事実施計画に対して行った認可（全国新幹線鉄道整備法九条四項）について、新潟県が国地方係争処理委員会に対して審査の申出を行ったという事案では、本件認可は機構に対するものであり、係争処理制度の対象となる「自治体に対する国又は都道府県の機関の行う関与」（自治法二四五条）に該当しないなどとしてこの申出が却下されている（国地委第一〇号平成二一年一二月二四日（総務省報道資料：http://www.soumu.go.jp/main_content/000048968.pdf)）。

(14) 同旨の裁判例として、池子の森米軍住宅追加不建設義務等確認請求事件高裁判決 東京高判平成一九年二月一五日訟月五三巻八号二三八五頁も参照。

(15) 本件の評釈としては、さしあたり深澤龍一郎「国の対第三者許認可に対する自治体の訴訟」磯部力他編『地方自治判例百選 第四版』（有斐閣、二〇一三年）一九八頁～一九九頁等参照。

(16) 摂津訴訟（東京地判昭五一年一二月一三日 行集二七巻一一・一二号一七九〇頁、東京高判昭和五五年七月二八日 行集三一巻七号一五五八頁、判時九七二号三頁）、大牟田市電気ガス税訴訟（福岡地判昭和五五年六月六日 判時九九六号三頁）。

(17) 準用河川である池子川を管理（紛争当時は機関委任事務）する逗子市長が、米軍池子弾薬庫跡地における米軍家族用住宅の建設工事の中止命令を発すると同時に、国に対して工事の差止めを求める民事訴訟を提起したという例がある。本件第一審判決は、工事を実施する防衛施設局長と河川管理者である市長の間の紛争は、実質的に見て同一行政主体内の機関相互の紛争であり、行政内部において解決されるべきものであり、法律上固有の利益をもって対立する独立した当事者間の紛争ということはできず、「法律上の争訟」にあたらないなどとして市長の請求を棄却しており、控訴審もこの判断を是認している。（横浜地判平成三年二月一五日判時一三八〇号一二二頁、東京高判平成四年二月二六日判時一四一五号一〇〇頁）。同様の事例は機関委任事務廃止後の今日でも発生する可能性があると考えられるが、平成一四年宝塚市パチンコ店規制条例事件最判以降の下級審の傾向を踏まえると、やはり「法律上の争訟」該当性が否定される可能性が高いのではないだろうか。

(18) 亘理格「法律上の争訟と司法権の範囲」磯部勉＝小早川光郎＝芝池義一編『行政法の新構想Ⅲ』(有斐閣、二〇〇八年)四頁～五頁。

(19) なお、宝塚市事件平成一四年最判と同様、自治体等行政主体の法的地位に関し「財産権の主体」と「行政権の主体」の区別を前提とする先例として那覇市情報公開事件最高裁判決(最判平成一三年七月一三日判地自二二三号二二頁)がある。

(20) 藤田宙靖『行政組織法』(有斐閣、二〇〇五年)五二頁、同「行政主体相互間の法関係について」『政策実現と行政法』(有斐閣、一九九八年)一〇〇頁～一〇二頁。田中二郎『行政法 中巻 全訂第二版』(弘文堂、一九七六年)二一二頁、一四頁～一五頁、八六頁。雄川一郎『行政訴訟法』(有斐閣、一九五七年)四〇頁、一一七頁、四六五頁、四三二頁～四三三頁、同・前掲注(8)四六四頁。なお、国と地方の争訟に関して概説するものとして岡田正則＝長内祐樹「自治体と国との争訟」大久保規子編『自治体政策法務講座3 争訟管理』(ぎょうせい、二〇一三年)一七九頁以下。また、機関訴訟に関する詳細な検証を加えるものとして西上治『機関争訟の「法律上の争訟」性』(有斐閣、二〇一七年)も参照。

(21) 曽和俊文「地方公共団体の訴訟」同『行政法執行システムの法理論』(有斐閣、二〇一一年)二一六頁、二二二頁。

(22) その他、「法律上の争訟」概念の拡張を提唱する説としては、中川丈久「行政事件訴訟法の改正」公法研究六三号一二四頁以下。憲法学上の観点から「法律上の争訟」概念の再構成を試みる学説としては、高橋和之「司法権の観念」樋口陽一編著『講座憲法学6 権力の分立(2)』(日本評論社、一九九五年)二一頁以下、同『現代立憲主義の制度構想』(有斐閣、二〇〇六年)一五〇頁以下及び一七五頁以下、野中俊彦『憲法訴訟の原理と技術』(有斐閣、一九九五年)二六頁以下、同「司法の観念についての覚書き」『21世紀の立憲主義』

（勁草書房、二〇〇〇年）四二五頁以下、野坂泰司「憲法と司法権—憲法上の司法権の捉え方をめぐって」『法学教室』二四六号（二〇〇一年）四二頁以下、その他、伝統的理解を維持しつつ立法による解決を提示する説として佐藤幸治『憲法訴訟と司法権』（日本評論社一九八四年）四頁以下なども参照。

（23）近時の例としては最大判平成一七年一二月七日民集五九巻一〇号二六四五頁（小田急連続立体交差化事業認可事件）など。

（24）木佐茂男編・前掲注（2）六四頁。

（25）ドイツ連邦共和国基本法二八条（ラント及び市町村の憲法秩序）、同条二項「市町村に対しては、法律の範囲内において、地域的共同体のすべての事項を、自己の責任において規律する権利が保障されていなければならない。…」（高田敏＝初宿正典編訳『ドイツ憲法集　第7版』（信山社、一九九四年）二二六頁〜二二七頁。）

（26）木佐茂男編・前掲注（2）六七頁。

（27）木佐茂男編・前掲注（2）六五頁。

（28）木佐茂男編・前掲注（2）六四頁〜六五頁。

（29）白藤博行「国と地方公共団体との間の紛争処理の仕組み—地方公共団体の『適法性の統制』システムから『主観法的地位（権利）の保護』システムへ—」公法研究六二号（二〇〇〇年）二〇八頁。

（30）木佐茂男編・前掲注（2）七二頁。

（31）木佐茂男編・前掲注（2）七二頁。その他、塩野宏・前掲注（6）九三頁〜一〇〇頁、白藤博行・前掲注（29）二〇六頁〜二〇七頁。

（32）長内祐樹「Local Government Act 2000と『自治体』としてのイギリス地方公共的団体の展開（1〜3）」『早稲田大学大学院法研論集』（二〇〇七年）一二一巻五一頁〜七六頁、一二二巻二五頁〜四九頁、一二三巻一二七頁〜一五二頁。

（33）長内祐樹「近年のイギリス地方自治における自治体の自主行政権の法的構造—二〇一一年地域主義法

（Localism Act 2011）による『自治体の権能に関する包括的権限（general power of competence）』の授権を中心に―」『金沢法学』六三巻一号（二〇二〇年）四七頁～七八頁。

（34）Cardiff Corpn. v. Cardiff Waterworks Co. (1859) 5 jurist N.S.953.

（35）Devonport Corporation v. Plymouth, Devonport, and District Tramways Co. (1884) 52L.T. 161.

（36）なお、一九七二年地方行政法に先立つ、一九三三年地方行政法二七六条においても「自治体が地域住民の利益の増進、あるいは保護のために適切であると思料した場合、自治体はいかなる訴訟をも提起し、またいかなる訴訟に対しても抗弁をすることができる」と同様の規定がなされている。

（37）Attorney General of Gambia v N'Jie［1961］AC 617, Maurice v London CC［1964］2QB 362CA, Turner v Secretary of State for the Environment (1973) 28 P.&C.R.123, Arsenal Football Club Ltd v Ende［1979］AC 1 HL.

（38）Coke v Southend Borough Council [1990]2QB 1CA (Civ Div)., per Woolf L.J. at7.

（39）たとえば、最判昭六〇年一二月一七日判時一一七九号五六頁　伊達火力発電所事件など。

（40）同様に、私人の個別的利益の法律上の利益に係る判断枠組みで自治体の原告適格を論じることの失当性を指摘する論攷として、白藤博行「日田市『まちづくり権』侵害訴訟」『法学セミナー』五八四号（二〇〇三年）三六頁～三九頁、人見剛・前掲注（10）六一頁、七二頁などがある。

（41）見上崇洋『地域空間をめぐる住民の利益と法』（有斐閣、二〇〇六年）一〇頁～一一頁。

（42）見上崇洋・前掲注（41）一四頁～一五頁。

（43）亘理格『行政訴訟と共同利益論』（信山社、二〇二二年）三六頁～三七頁。

（44）亘理格・前掲注（43）四二頁～四三頁。

（45）なお、統治権を権利と捉えることは、必ずしも新奇なものではなく、たとえば、美濃部達吉も統治権を財産権とともに国家の権利と構成している（美濃部達吉『憲法講話』（岩波文庫、二〇一八年）三七頁～三八頁）。

美濃部らの学説に関し、「公益のための自己の権利」という観点から詳細な分析を試みるものとして西上治『機関争訟の「法律上の争訟」性』（有斐閣、二〇一七年）七〇頁～一二七頁も参照。

(46) 人見剛・前掲注（10）六一頁、七二頁。

(47) 人見剛「大間原発行政訴訟における函館市の出訴資格及び原告適格」（二〇一五年）『自治総研』通巻四四四号二〇一五年一〇月号四二頁。同様に、私人の個別的利益と一般公益の峻別を前提に自治体の原告適格を論じることの失当性を指摘する論攷として、木佐茂男編・前掲注（2）、白藤博行・前掲注（40）三六頁～三九頁、野呂充・前掲注（6）三九頁以下等も参照。

(48) 同旨、塩野宏・前掲注（6）三七頁。白藤博行・前掲注（29）二〇九頁以下。

（おさない　ひろき・行政法学、地方自治法学）

2　縮減社会における「管理型」都市計画の担い手と手法

内　海　麻　利
（駒澤大学）

一　本稿の趣旨

本稿は、人口が減少し、経済が縮小する日本の「縮減社会」において、運営・管理に軸足を置いた都市計画（以下、「「管理型」都市計画」）の重要性とその要点を示し、なかでもこれまでの都市計画とは異なる「管理型」都市計画に関して、これを実現する上で重要であると考えられる担い手と手法を検討するための素材を提供することを趣旨としている。なお、本稿は『縮退の時代の「管理型」都市計画』（以下、「原著書」）(1)に基づき、これを整理、発展させたものである。

二　「管理型」都市計画の重要性

現行の都市計画制度では、マスタープランとなる計画で望ましい市街地像を示し、一方で土地利用についでは規制誘導、他方で都市施設については事業という手段でそれを実現していくというのが基本的な構造となっている。つまり、「計画」と規制・誘導や事業による「整備」（都市計画法においては、整備・開発・保全として整理されている）が根幹になっている。しかし、都市計画本来の目的は、土地利用については土地やその空間の利用、施設については施設の利用を通じて持続可能な都市を実現することにある。言い換えれば、本来の都市計画は計画と整備によって望ましい市街地像を実現し、それを運営・管理することによって持続可能な都市を実現する、「計画」「整備」「運営・管理」の三段階で完結する（図1）。つまり、この最後の「運営・管理」の段階こそが、本稿でいう「管理型」の意味するところである。

しかし、現在の都市計画制度は「計画」と「整備」にとどまり、「運営・管理」にまで至っていない。それはなぜなのか。現行の都市計画制度が形成された人口が増加し経済が成長する社会（以下、「成長社会」）においては、整備によって市街地像の実現まで行っておけば、あとは土地利用であれば想定された土地利用活動、施設であれば想定された施設利用が自動的、継続的に行われることの前提が概ね成立していたためである。したがって、市街地像の実現は整備の実現とほぼ同義であったといえる(2)。

ところが、縮減社会の都市計画に関連する課題の多くは、こうした前提が成立しなくなってきていることに関係している。例えば、後述する都市のスポンジ化をもたらす空き家や空地は、「整備」にあたらないことはもちろん、利用主体がいなくなるといったような、都市計画が通用しない現象が頻出している。これらは市街地像の実現と土地利用の活動が一致しない（図1参照）ことから生じている現象であり、整備後の「運営・管理」の段階に着目しなければ、とらえることができない現象が都市の問題を引き起こしている。縮減社会には「整備」と「運営・管理」の間に大きなギャップが生じており、したがって、現状の都市計画制度の想定する時間軸を計画、整備から運営・管理にまで延長して、あるいは運営・管理に軸足をおいて考えなければならないことは明らかであり、ここに「管理型」都市計画の重

図1　都市計画の基本構造

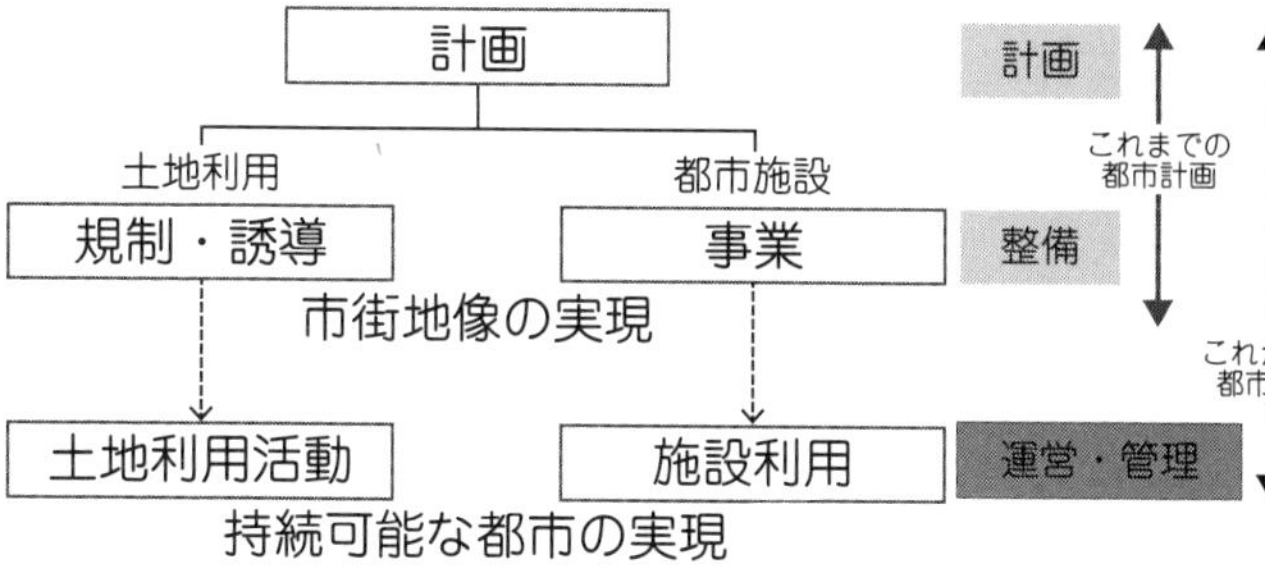

出典：前掲注（2）、61頁。

要性を確認することができる。

そして、「運営・管理」は、「整備」とは異なり、「整備」が開発利益や利用の利益を生み出すのに対して、「運営・管理」は、利益を生み出さず負担を伴うものである。また、成長社会及び地方分権改革以前（二〇〇〇年以前）の都市計画の主体的な役割は、国が主導する公共団体が担っていた。したがって、地方分権改革後の縮減社会における「運営・管理」の負担は、成長社会の都市計画の役割分担とは異なり、国から地方へ、都道府県から市町村へ、そして、公共団体から土地所有者、住民や地域社会へと、成長社会とは異なる担い手に配分される傾向が窺える。ここに、「管理型」都市計画の担い手に着目し、検討する意義が存在する。一方で、上述したように、成長社会の都市計画の前提が成立しなくなっている現状から、公共団体の新たな役割に即した手法の開発を検討する必要があると考える。

三　「管理型」都市計画の要点

1　都市計画の公共性分類

都市計画は、「公共の福祉の増進に寄与することを目的とする」（都市計画法1条）。「管理型」都市計画も同様である。それでは、

表1　原著書における都市計画の公共性分類

<table>
<tr><th colspan="2">大公共</th><th colspan="2">小公共</th></tr>
<tr><td rowspan="3">A　国家的見地或いは広域的見地から実現されるべき公益の利益</td><td>i）国家的見地によるもの（eg 歴史的風土特別保存地区など）</td><td colspan="2"></td></tr>
<tr><td rowspan="2">ii）広域的見地によるもの（eg 区域区分、基幹的都市基盤施設など）</td><td rowspan="2">A　地域的・近隣秩序調整的見地から実現されるべき公共の利益</td><td>i）「公」の視点からの地域的・近隣秩序的土地利用の実現に係る利益（eg 特別用途地区、地区計画など）</td></tr>
<tr><td>ii）「共」の視点からの近隣秩序的土地利用の実現に係る利益（eg 建築協定など）</td></tr>
<tr><td colspan="2">B　最低限基準の確保の見地から確保されるべき公共の利益（eg 開発許可基準など）</td><td colspan="2">B　大公共Bに属する公共性で、地域特性に応じたローカルルールによって実現される公共の利益（eg 開発許可基準における技術基準の追加条例など）</td></tr>
</table>

出典：前掲注（2）、57頁。

「管理型」都市計画はどのような公共の利益を実現すべきなのであろうか。原著書では、都市計画の公共性分類を表1のように示している。

「大公共」「小公共」というところの大小は、重要度の大小ではなく、空間の大小、すなわち大公共の「大」とは国土全体や一地方公共団体の区域を越える都市圏のような広域空間を意味しているのに対して、小公共の「小」は自治体ないしさらにそれを区分した近隣地区といった広域空間よりは狭い空間を意味している。こうした分類に基づき、制度例などから担い手の役割分担を判断すれば、大公共は国もしくは都道府県、小公共は市町村もしくは近隣地区が担うということになる。しかしながら、地方分権改革により権限移譲が進み、「大公共」の多くの権限が市町村に移譲されている。さらに、「管理型」都市計画がこれから対応すべき重点課題は小公共Aにあり、近隣秩序的土地利用の実現に係る利益にある。実際、後述する「管理型」都市計画が求められる都市の問題に対応するために創設された法制度には、小公共Aに関するものが少なくない。

もっとも、「管理型」都市計画においては、小公共に対してのみ対応すればよいわけではない。国土あるいは広域空間全体の制御を要する問題など国家的な見地で対応すべきもの（大公共A）や、広域の都市機能を果たしている都市施設の管理など広域的見地で秩序化を図り、あるいは管理行為を要するもの（大公共B・小公B）も「管理型」都市計画に含まれるといえる。こうした整理を原著書の拙稿では、マクロ的対応（大公共A・大公共B・小公共B）とミクロ的対応（小公共A）に整理をしている[3]。

しかしながら、スポンジ化現象などの不作為によって生じる問題を引き起こし、新たな「運営・管理」の課題に直面しているのは、まさに小公共Aであり、近年の法改正では、これへの措置としてミクロ的対応に期待が寄せられている。

2　「管理型」都市計画における担い手と新たな手法の必要性

前述した、「市街地像の実現と整備に軸足をおいた土地利用の活動が一致しないことから生じている現象」は、集約型都市構造という政策への転換が求められているにもかかわらず、都市は拡大し続けるとともに、都市のスポンジ化が進行している点に表れている[4]。具体的には「耕作放棄農地、管理放棄森林、地方都市中心部の空洞化、空き家、空地」といった「利用の放棄」がそれにあたる。

特に、現行の都市計画法制は、実際に土地が利用されるという作為を前提に、その作為の不適切な行為のみを規制する「必要かつ最小限の規制」しか行っていないため、「利用の放棄」のような不作為には対応できない。つまり、これまでの都市計画法制は、土地が利用されないことを想定しておらず、土地利用の放棄に対して利用を強制することを念頭に置いていなかった。したがって、こうした不作為への対応を行うことが縮減社会における「管理型」都市計画として新たな担い手と手法が求められる理由である。

その手法の考え方として、生田＝周藤[5]は、不作為の実態を確認した上で、土地利用の放棄という現況を前提として、土地利用の「作為の強制」「利用の責務」を説いている。たしかに、「利用の放棄」が社会問題化していることから、「コンパクトシティ対策[6]」や「スポンジ化対策[7]」においても、不作為に対して一定の作為への誘導が制度化されている。しかし、その実効性という観点から言えば、超高齢化社会を迎える日本にあって、既存の土地所有権概念を前提に、土地所有権者に対して「利用の責務」を課し、「作為」を強制することは現実的ではない。

実際、縮減社会においては、土地所有権者に「利用の責務」を負わせ、「作為」を強制するという考え方では立ち行かなくなっている。また、単に国から地方、公共団体から民間という権限の付与だけでは対処できず、「運営・管理」を含む空間の管理の責任をどのような主体が担うべきなのかを「管理型」都市計画法制として組み立て直すことが必要であると考えられる。そこで、以下では、すでに制度化されている小公共Aに関する管理行為を主体別に整理・分類し、その実態を考察することで、「管理型」都市計画の担い手と手法を検討してみたい[8]。

四　民間主体を位置付ける制度と空間管理の担い手

現行の都市計画関連法令や条例において、整備や開発などの土地利用の後の「運営・管理」に類する活動を行う民間の担い手（以下、「民間主体」）を位置付ける制度がある。そのなかでも、近年にかけて、地区や敷地単位で地域の不作為に対応する制度や手法（例えば、スポンジ化対策）、すなわちミクロ的対応を定めるものがあり、都市再生特別措置法などに導入されている。

図2　土地利用にかかわるマネジメント主体と関係当時者

管理主体例	住民	利害関係者 土地所有者	利害関係者 借地権者	区分所有者	事業者	一般財団法人	NPO法人	組合及び連合会	町内会自治会
土地区画整理組合		●全員合意							
市街地再開発組合		●3分の2同意							
地区計画※1	●意見聴取手続は条例（同意調達）								
建築協定※1		▲全員合意							
避難経路協定※1		▲全員合意							
都市再生歩行者経路協定※1		▲全員合意							
マンション管理組合				▲4分の3					
緑地保全・緑化推進法人						◉市町村長が指定			
景観整備機構						◉景観行政団体の長が指定			
都市再生推進法人						◉市町村長が指定			
農地中間管理機構法						○指定※2			
中心市街地TMO					◉構想の作成とその認定				
まちづくり協議会	地区計画と連動（同意調達）								
エリアマネジメント組織	マネジメント対象により異なる								

自制管理グループ、指定管理グループ

凡例. ■：法律に基づく規定、■：法律に基づかない規定、●：関係当事者により合意が図られた公共団体の計画が決定される、▲：協定、規約等を締結、◉：計画や要件に基づき公共団体の長により認定、○：申請に基づき公共団体の長が指定、※1：当該地区の関係当事者団体、※2：一般社団法人にあっては地方公共団体が総社員の議決権の過半数を有しているもの、一般財団法人にあっては地方公共団体が基本財産の額の過半を拠出しているものに限る。注）前掲注（8）、22頁を加筆修正し、筆者作成。

こうした制度の内容に示される担い手に着目し整理したものが図2である。これらの具体的な制度内容等については、原著書等を参照されたいが、都市計画にかかわる「運営・管理」の担い手として想定され、法律や条例に記されている組織を縦軸とし、法律が定める関係当事者を横軸に記している。これに見られるように、その担い手は二つのグループに大別できる。

1　自制管理グループ

第一は、「自制管理グループ」と呼べるものである。土地所有者等の個人や団体が当該地区の関係当事者として管理主体となることが想定されており、これはさらに二つのタイプに分けられる。

一つは、主に計画決定における関係当事者を計画に定める空間の管理主体として想定しているものである。例えば、市街地再開発組合や地区計画などがこれにあたる。いま一つが、関係当事者間あるいは関係当事者と自治体が協定や契約を締結して管理を行うものであり、関係当事者が協定や契約に定める空間の管理主体となるものである。例えば、建築協定や都市再生歩行者経路協定などである。

これらの二つのタイプの特徴は、土地所有権を有する主体を中心とした利害関係者が、空間の管理を行うことによって自らの利益を守ることが想定されている点である。土地所有権者の「利用の責務」や「作為」を前提に、強制管理のための負担を自らが負う、あるいは自らの権利を制限する、つまり自制的に管理を行うことで地域の公益に寄与することが想定されている。それゆえ、管理・負担・権利制限を決定する際に全員合意や同意を調達するというような条件が設定されている。

2　指定管理グループ

第二は、「指定管理グループ」と呼べるものである。一定の要件に基づき自治体が認めた第三者組織が関係当事者として管理主体となることが想定されている。なかでも、近年改正が行われた「都市再生推進法人」や「農地中間管理機構」などの制度は、第三者（組織）が不作為の土地や空間に関して積極的に参与できるよう運営・管理の権限が法律により付与されている。例えば、都市再生推進法人[10]は、「都市再生特別措置法（118～123条）」に基づき、市町村が民間のまちづくり組織を指定し、公的位置付けを付与するとともに、支援策を講じることにより、事業用地の取得・管理・譲渡、公共施設・駐車場・駐輪場の管理などを実施することができる。また、都道府県が指定する農地中間管理機構[11]は、「農地中間管理事業の推進に関する法律」に基づき、農地所有者から農用地を借り受けた後に、借り受けた農用地について、地域内の分散し錯綜した農地利用を整理し、担い手（法人経営・大規模家族経営・集落営農・企業）ごとに集約化する必要がある場合に基盤整備等の条件整備を行い、担い手がまとまりのある形で農地を利用できるよう配慮して、担い手に貸付けることができる。

3　その他の主体

そして第三に、その他として条例による「まちづくり協議会」がある。これは、住民参加等により自制管理グループの合意形成の場を提供する組織であり、地縁団体である「町内会や自治会」は自制管理グループの母体となる組織といえる。一方、「エリアマネジメント組織」は多様であり、自制管理グループと指定管理グループを兼ねた組織として位置付けることができる。特に、開発事業者として土地所有者の合意のもとで、整備の主体となる一方で、上述の「都市再生推進法人」として開発区域の運営や管理を担う主体として期待されている。

五　「管理型」都市計画の担い手の実態

こうした整理に基づいて、そしてそれぞれの実態を踏まえ、マネジメントを担う組織としての可能性や課題を考えてみたい。

1　地域住民等による「自制管理グループ」の実態

先の通り、自制管理グループは制度を運用するにあたり、利害関係人の合意や同意調達が前提となる。全国の市町村へのアンケート調査[12]によれば、住民参加による地区計画のように、参加動機が住環境の保全という明確なものであったとしても、利害関係者等の合意形成は難しいとされている。特に、その主体となりうる住民や自治会等の地縁団体が超高齢化し、コミュニティが希薄化するなかで、これらの人々に土地や空間の運営・管理を強いることは困難である。また、建築協定が地区計画に移行している例が少なくないが、こうした実態は、住民による管理を地区計画という行政計画に委ねたいという管理の担い手たる協定者の意思の表れであるといえる。

もとより、不作為の空地や空き家の権利変換をし、都市的土地利用から自然的土地利用への移行も含め、不作為の土地を価値ある空間として再生させるためには、法律、都市計画や建築、環境、都市経営などの高度な技術が必要であり、これを住民や地縁団体に期待することは難しい。したがって、少なくとも住民を中心とした担い手を想定した場合、これをサポートする、あるいは、これらの業務を代行する組織が不可欠であるといえよう。(13)

2　民間事業者等による「自制管理グループ」の実態

一方で、民間事業者も「自制管理グループ」を牽引する組織の一つである。再開発等という「整備」の後に当該開発区域を価値あるものにしていく際に、民間事業者が開発後の運営や管理の主体となることは少なくない。成長社会には、土地の価値の上昇やニーズの拡大を前提としたビジネスモデルをベースに、開発利益という動機も明確で、「整備」に加えて「運営・管理」に関する利害関係者等の合意も容易であった。しかし、土地の価値の低下やニーズの変化のなかで、従前のビジネスモデルが通用しなくなってきている。さらに、民間事業者が地域の理解を得て開発事業地を中心とした都市空間を維持し、その価値を高める運営や管理を行うにあたっては、開発事業地の「整備」のみを前提とした事業では限界があり、地域全体や都市の不作為問題をも視野に入れた「運営・管理」に軸足をおいた新たな手法が必要となっている。

3　指定管理グループの実態

次に、住民や地権者を中心とする自制管理グループをサポートする意味でも、民間事業者と公共団体との関係を調整するためにも、技術の提供及びサポート、主体間の調整を行う組織として指定管理グループが必要となっていることは、都市再生推進法人等の法的役割の充実からも見て取れる。さらに、先に述べたように自制管理グループの構成員が超高齢化し、当該空間のプランの作成はもとより合意形成もままならないなかで、不作為の空間を価値ある空間に変換していくためには、地域の実情に応じ、専門知識や人的なネットワークを備えたまちづくりに身近な支援組織や体制は不可欠となろう。ただし、都市再生推進法人の実態などを見てみれば、権限が付与されているものの、不作為の土地や空間の管理や運営を主体的に行う組織は多くないという調査結果がある。それは、市町村が指定する都市再生推進法人が、自治体と連携して公的な位置付けと支援を得ることを動機に当該法人の申請をしているにもかかわらず、市町村が、制度や活動支援等に対して迅速で柔軟な対応を図っていないからであるという(14)。

4　組織を位置付け、コーディネートする市町村の実態

上で見たように、法律が定める計画を策定し、意思決定をし、指定管理グループの組織を指定する、あるいは自制管理グループとの調整や自制グループ間の合意形成を調整するのは自治体である。とりわけ、図2の多くの組織の意向調整や手続を含む制度運用にあたって市町村の負担は大きくなっている。

もとより、地方分権が進み、多くの都市計画業務が市町村の権限となるなかで、市町村の限られた行政資源を用いて都市計画業務に加えて都市計画の運営・管理業務を行うことは困難であると考えられる。[15] 調査によれば、自治体の人的資源は乏しい。また、人口八万人以下の市町村では、「地区計画であっても使えないと感じている」という調査結果もある。[16] このような市町村の状況の下で、計画技術や法的知見等を駆使して不作為の土地の計画や協定内容などを作成し、法的手続や公的機関との調整を行い、また、地権者の合意形成を図り、コーディネートする余力が市町村にあるとは考えにくい。ここに、図2に示しているような制度が形骸化している大きな理由があると考えられる。

六　「管理型」都市計画における担い手と手法

以上の担い手の実態から、縮減社会における「管理型」都市計画のとりわけ小公共における「運営・管理」の負担は、成長社会の都市計画の役割分担に基づいて配分されるわけではなく、国から地方へ、都道府県から市町村へ、そして、公共団体から土地所有者、住民や地域社会へと成長社会とは異なる担い手に配分され、これを調整する市町村の負担を拡大させているといえる。つまり、「管理型」都市計画を可能にし、持続可能な都市づくりを推進していくためには、市町村への支援や新たな手法が欠かせないものとなろう。

そこで、試論ではあるが、前記の分析と考察から考えられる、「管理型」都市計画における担い手と手法を考える要点を示しておきたい。

1　縮減社会における「管理型」都市計画の担い手としての空間管理参与者

縮減社会において、土地の価値やニーズが低下するなかで、利用されていない土地を利用し管理するという、土地に対する不作為を作為へと転換する動機を土地所有権自身が見いだすことは容易なことではない。つまり、すでに述べたように、既存の土地所有権概念を前提に、土地所有権者に対して「利用の責務」を課し、「作為」を強制することは現実的ではない。土地所有権者に成り代わり、かつ公共的立場から空間管理に参与する組織、すなわち空間管理参与者が必要となる。

また、経済的利益を見込めない、あるいはそれが不明瞭な管理においては、利害関係者間の合意を得ることは難しい。そのため、利用されず価値の低下した土地を利用することで生じる価値（都市機能としての価値）、あるいは利用しない価値（自然的価値）の両面から、「価値ある空間」を提示し、それへと計画的に転換することに関与し、またそのための技術を直接、あるいは間接に提案できる組織が必要であると考えられる。例えば、所有者不明の土地を含む場合などでは作為へと転換する計画とともに土地の権利交換や集約化などといった直接的な関与が必要であり、また市町村、住民や利害関係者の要請に基づく場合には、地区の合意を促し、技術提供を行うことなども考えられよう。

たしかに、前で見たように、指定管理グループの「都市再生推進法人」や「農地中間管理機構組織」などが空間管理参与者にあたり、こうした組織の存在は課題解決の糸口になる。しかし、その実態を踏まえれば、国家的見地・広域的見地から法律に位置付けたうえで、市町村を支援し、個別的な問題に対応できるかどうかは疑問が残る。したがって、こうした組織をさらに発展させる考え方もあろう。例えば、諸外国の事例では、次のような組織が参考となる。土地に対する不作為に対しては、米国デトロイトの「ランドバンク」[17]も類似の機能を有している。また、市町村の支援という意味では、例えば、フランスでは次のような制度がある[18]。一つは、「ＰＬＵ ＣＬＵＢ」と呼ばれるものであり、基礎自治体が策定する即地的で詳細な計画「都市計画ローカルプラン（Plan local d'urbanisme）」（以下、「PLU」）の策定を支援するための組織である。この組織を通して、国は、PLUの策定方法や考え方に関する技術的支援を行うとともに、国・広域自治体・関係団体等の利害調整や合意形成の場を提供している[19]。いま一つは、都市計画研究所（Agence d'urbanisme）である。この組織は、自治体の都市計画にかかわる都市計画図書などを作成する業務を受託するシンクタンクである[20]。創設は一九六七年であり、二〇〇二年段階、フランス全国で約五〇カ所設置されている[21]。これらの組織は、必ずしも日本の課題に直接対応するものではないが、組織の位置付けや機能は空間管理参与者を考える上で参考になろう。

2　マネジメント手法の評価軸としての「貢献」

(1)「管理型」都市計画における「整備」と「運営・管理」

二〇〇〇年を過ぎたころから、「エリアマネジメント」という取り組みが認識されはじめ、国土交通省ではこれを「地域における良好な環境や地域の価値を維持・向上させるための、住民・事業主・地権者等による主体的な取り組み」と定義している。まさに、「管理型」都市計画の小公共に対応する概念である。

それでは、これまでの「整備」を中心とした都市計画から「運営・管理」に軸足をおいた都市計画において、公共団体はどのような役割を担うべきなのであろうか。今一度、「管理型」都市計画の考慮すべき点を示しておきたい。

それは、第一に、「整備」が開発利益を生み出したのに対して、「運営・管理」は利益を生み出さず、逆に、事業者や住民など、場合によっては国民に負担を強いるという点である。第二に、「整備」といい「作為」でなく、空き家や空地を含む低未利用地などの「不作為」に対応していかなければならない点である。第三に、先に述べたように、地域の住民や地縁組織等も超高齢化して、「運営・管理」の担い手として期待できるとは言い難い状況にあるという点である。加えて、「管理型」都市計画においても「整備」が不必要になったわけではなく、むしろ、都市を再編していく「整備」は必要であり、それらを「運営・管理」に軸足をおいた「整備」へと進化させていく必要がある。

こうした点を踏まえて、公共団体（国・自治体）がどのような役割を担うかということを考えると、空間の価値を維持し向上させ、持続可能な都市を実現させる「整備」と「運営・管理」において、規制や事業によって「民間の行為をコントロールする」という役割から、「民間の貢献や技術を引出す」という役割に転換する必要性が考えられる。実際、近年、都市再生特別措置法を中心に創設されている制度や自治体で構想されている例などを見ると、都市空間や地域の価値を高める手法が「貢献」という概念を用いて展開されている。

⑵マネジメント手法としての「公共貢献」

民間（事業者や地域住民等）から貢献を引き出すことで、都市空間や地域の価値を維持し創造しようという制度がある。すでに制定されているものでは、例えば、都市計画再生特別地区においても「貢献用途」という手法が運用されている。また、それは自治体においても構想あるいは検討されており、ここでは、東京都の例を紹介しておこう。

二〇一九年二月に東京都都市計画審議会が答申「東京における土地利用に関する基本方針について」をまとめており、ここでは、本稿でいうマネジメントに関する手法の枠組みが提案されている。これらは、東京都における地域の課題を解決するための「公共貢献」を評価できる仕組みを構築するというも

図3　東京都による「公共貢献」評価とその試論例

例：都市開発諸制度等の活用によるみどりの保全・創出

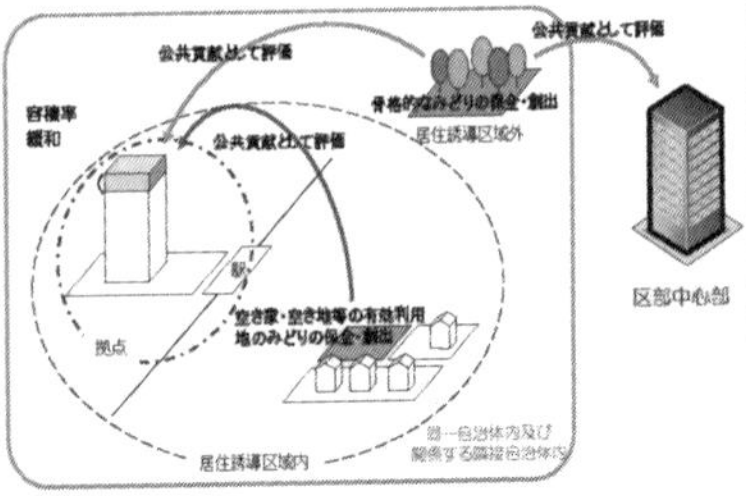

<公共貢献の評価>
○駅と一体となったまちづくりや歩行者ネットワークの整備
地下鉄駅の周辺の開発敷地を活用し、交通広場や改札から直結するサンクンガーデン、アトリウム、バリアフリー経路等のインフラ整備地区外も含め、無電柱化や歩道の表層整備等による、安全でにぎわいのある歩行者ネットワークの整備
○水と緑のネットワークの形成
水と緑の軸の形成：水辺へのアクセス路やにぎわい施設と連動した公開空地、船着場の整備、公開空地と河川・港湾区域との一体的な整備、質の高い緑化などみどりの骨格の形成：大規模な都市公園等と連続した質の高い緑化、崖線の保全・再生など
○木造住宅密集地域の解消に資する取組
開発に合わせた木造住宅密集地域の基盤整備、環境改善、受け皿住宅の整備
○集約型の地域構造への再編に資する取組
立地適正化計画が策定された地域において、開発に合わせた地域の価値の向上に資する取組（居住誘導区域内の空き家・空き地等の有効利用、区域外のみどりの保全・創出等）

出典：2019年2月東京都都市計画審議会（答申）「東京における土地利用に関する基本方針について」

ので、新しい試みとしては、整備地域のみならず、整備と関連付けて整備区域外、すなわち「隔地」の価値の維持や向上を試みる制度などが構想されている。そして、東京都が「公共貢献」として評価する項目が図3の〈公共貢献の評価〉にあげるようなものであり、これらは不作為の土地に対応するものも含め、東京都の価値を維持、向上させ持続可能な都市を実現するための課題が示されているといえる。

具体的な手法（試論例）としては、開発諸制度を用いて、空き家・空地や、居住誘導区域外の緑の保全や創出を行う行為を「環境貢献」として評価するものである。近隣の都市開発諸制度や区部都心部の都市再生特別措置法を活用して木造密集地域改善に資する貢献を実現する例もある。

このほか、開発諸制度を活用するにあたり、医療・福祉・商業施設等の設置を公共貢献として評価したり、居住誘導区域外からの住み替え住宅の整備を公共貢献として評価する例、また、連鎖的なマンション再生を推進する際に緑化などの貢献を容積率緩和の対象として新たに追加する例なども考えられている。これらの制度自体の妥当性については、法的限界や手続、空間利用の継続性なども踏まえた検討が必要ではあるが、都市空間あるいは都市全体の価値を維持し向上させるためのマネジメント手法として民間事業者から「公共貢献」を引出す仕組みが空間の利用という観点から用いられている例として確認することができる。

ただし、東京都の例のように、開発事業に対する「公共貢献」の仕組みを創造し、運用するにあたっては、開発事業計画を持続性の観点に基づき環境的、社会的、経済的側面から計画し、法的な技術も駆使して、評価し、承認し、協定等により継承していくための技術力が必要となる。その意味で、五に示したように、「自制管理グループ」(民間事業者)の貢献や技術力を引き出し、自治体に技術や情報を中立性・公平性の観点から、全国あるいは広域的知見を持ち活動が可能な担い手として「指定管理グループ」の存在が求められよう。

もっとも、上述の東京都心部とは異なり開発需要が見込めない地域においては、地域の価値を高める民間企業を喚起する取り組みや、不作為の都市的土地利用を自然的土地利用に再変換していくことも考えられよう。

七　おわりに

本稿では、縮減社会において「運営・管理」の負担が、国から地方へ、都道府県から市町村へ、そして、公共団体から土地所有者、住民や地域社会へと、成長社会とは異なる担い手に配分される傾向があることを前提に、それに対応するための担い手と手法について検討した。まず、「運営・管理」のみを対象とした不作為の問題に対しても、また、「運営・管理」に軸足をおいた「整備」を実現するうえでも市町村、土地所有者、住民や地域社会への負担は大きくなっており、「指定管理グループ」のような空間管理参与者が不可欠になっていることを示した。次に、「運営・管理」や不作為の土地利用と関連づけて「整備」を行う場合に考えられる手法として「公共貢献」というマネジメント手法例を試論的に示した。そして、この手法において、自治体が「管理型」都市計画を執行する上で、規制や事業によって「民間の行為をコントロールする」という役割から、「民間の貢献や技術を引出す」という役割を検討している実態を確認することができた。

以上の状況は、自治体の事務を拡大し、権限を移譲することが必ずしも持続可能な都市を実現することに繋がらない場合が存在することを示している。また、少なくとも都市計画の分野から見た縮減社会においては、自治体が自主性・自立性を発揮できる状況は地方分権改革以前とは異なっている。したがって、市町村・都道府県・国が「管理型」都市計画において本来果たすべき役割分担を明確にした上で、都道府県や国は、空間管理参与者となる組織等を整備し、それを通して市町村を支援するとともに、これに基づいて前述したマクロ的対応を図っていくべきであろう。

注

（1）亘理格・内海麻利編著『縮退の時代の「管理型」都市計画　自然とひとに配慮した抑制とコントロールのまちづくり』第一法規、二〇二一年。本稿は、原著書と同様の概念に基づき「管理型」都市計画を検討するものであるが、原著書ではその背景を「縮退の時代」と表現するのに対して、本稿では、人口が増加し経済が成長する社会を背景とした都市計画に対して、人口減少とそれに伴い経済が縮小する社会を背景とした都市計画に着目していることから、本稿の検討の背景を「縮減社会」と表現する。

（2）中井検裕「「枠組み法化」と「管理型」都市計画法制について」前掲注（1）、五五‐六三頁。

（3）内海麻利「マクロ的対応・ミクロ的対応と「管理型」都市計画法制の担い手」前掲注（1）、二八九‐三〇四頁。

（4）氏原岳人・阿部宏史・村田直輝・鷲尾直紘「地方都市における都市スポンジ化の実証的研究―建物開発・滅失・空き家状況の視点から」『土木学会論文集』Vol.72、No.1、二〇一六年、六一‐七二頁。

（5）生田長人・周藤利一「縮減の時代における都市計画制度に関する研究」『国土交通政策研究』102号、二〇一二年、六三‐七五頁。

（6）国土交通省「立地適正化計画の意義と役割　～コンパクトシティ・プラス・ネットワークの推進～」https://www.mlit.go.jp/en/toshi/city_plan/compactcity_network2.html　立地適正化計画の説明資料（平成二七年六月一日時点版）。

（7）「都市のスポンジ化」に対応するため、改正都市再生特別措置法が二〇一八年四月二五日に公布された。国土交通省都市局都市計画課「都市のスポンジ化対策（低未利用土地権利設定等促進計画・立地誘導促進施設協定）活用スタディ集」二〇一八年八月七日。

（8）この内容は、内海麻利「「管理型」都市計画の行為と手法―ミクロ管理の担い手に着目して―」『土地総合研究』26巻2号、二〇一八年、一一一‐一二四頁を考察、展開したものである。

（9）前掲注（3）及び前掲注（8）。

（10）都市再生特別措置法（118～123条）（二〇〇七年）、都市再生特別措置法の一部を改正する法律（二〇一六・二〇一八年）。丸岡努・星卓志「都市再生推進法人の制度と運用実態に関する研究」『日本建築学会技術報告集』24巻57号、八二九‐八三二頁、宇野善昌「新たな協定制度等の創設」前掲注（1）、二三六‐二四二頁。

（11）農地中間管理事業の推進に関する法律（二〇一四年）、農地中間管理事業の推進に関する法律等の一部を改正する法律（二〇一九年）。農業関係法の農地管理の沿革と現状については、原田純孝「「農業関係法における『農地の管理』と『地域の管理』―沿革、現状とこれからの課題―」『土地総合研究』二〇一七年夏号、二〇一七年秋号、二〇一八年春号、二〇一八年夏号、二〇一八年秋号、原田純孝「農業関係法における「管理」の制度と実態」前掲注（1）、一五〇‐一七七頁。

（12）日本都市センター編集『超高齢・人口減少時代の地域を担う自治体の土地利用行政のあり方』日本都市センター、二〇一七年、三六頁。
（13）全国市議会議長会「都市における自治会・町内会等に関する調査」結果概要（令和三年二月八日）、総務省地域力創造グループ地域振興室「平成30年度　地域運営組織の形成及び持続的な運営に関する調査研究事業報告書」平成三一年三月。
（14）前掲注（10）・丸岡努ほか、山本晴菜・中野茂夫「都市再生推進法人の活動内容と運営状況からみるエリアマネジメントの実態」『都市計画論集』20号、二〇二一年、四三－四七頁。
（15）国土交通省「都市計画制度の概要（都市計画法制：都市計画の策定主体、手続き）」（令和三年二月時点）https://www.mlit.go.jp/toshi/city_plan/toshi_city_plan_tk_000043.html
（16）前掲注12・都市センター、内海麻利・都市計画協会「地区計画の運用実態に関する調査」調査期間二〇一七年一月四日～二月一四日。地区計画を決定している全国の市町村七六〇団体、有効回答数四四八団体（回収率五九％）。
（17）アメリカにおける「ランドバンク」とは、「利用されず、放棄され、所有権者の受戻権も消滅した不動産を利用価値あるものへと転換することを任務とする政府事業体」。一九七一年にミズーリ州サンルイ市で創設。二〇一五年時点では、一〇の州で合計一二〇の組織が存在する。当初は、不動産税滞納物件を競売にかけても売れずに自治体所有となった不動産をやむなく管理するための部門として設置された。高村学人「縮減実施のための協働的プランニング土地所有権」前掲注（1）、二五六－二六九頁。
（18）内海麻利「日仏の地区詳細計画の意義と実態（第四回）フランスの都市計画ローカルプラン（ＰＬＵ）の実態と日本への示唆」『土地総合研究』23巻1号、二〇一五年、七六－一〇三頁。
（19）Direction générale de l'aménagement, du logement et de la nature, ministère du logement et de l'égalité des territoires, *Participer au Club PLUi*, août 2014.

（20）計画の要件を満たす文書。例えば、フランスのＰＬＵの場合には、説明報告書、整備と持続可能な開発発展の構想（PADD：Projet d'aménagement et de développement durables）、地区レベルの整備の方針（OAP：Orientations d'aménagement et de programmation）、規則書（règlement）とこれらを示す図面が必要とされる（都市計画法典L151-2条）。

（21）Fédération nationale des agences d'urbanisme のホームページより。https://www.fnau.org/fr/les-agences-durbanisme/

（うちうみ　まり・都市計画学、政治学）

3　空家対策の有効性と今後の展望
――政府・市場・地域による解決という視点から――

岩﨑　忠
（白鷗大学）

本稿は、二〇二三年一一月六日に同志社大学今出川校地で開催された日本地方自治学会分科会Ⅰ「まちづくりと自治」において報告した内容に加え、その後、改正された空家等特別措置法などの内容を踏まえ、執筆したものである。

一　空家の発生要因と地域への影響

空家の総数は、総務省が令和五年に行った「住宅・土地統計調査」によれば、バブル経済が崩壊した一九九三年から二〇二三年までの三〇年間で約二倍の九〇〇万二千戸になっており、前回の調査の二〇一八年（八四八万九千戸）と比べても五一万三千戸の増加となり、社会問題として、益々深刻化している。特に、「賃貸・売却用及び二次的住宅を除く空家」は三八五万六千戸となり、前回調査の二〇一八年と比べ、三六万九千戸の増加となっており、総住宅数に占める割合は五・九％となっている。ここでいう「賃貸・売却用及び二次的住宅を除く空家」とは、転勤・入院などのため居住世帯が長期にわたって不在の住宅や、建て替えなどのために取り壊すことになっている住宅のことである。また、一戸建ては三五二万三千戸（空家総数に占める割合三九・一％）、共同住宅は五〇二万九千戸（同五五・九％）となっており、一戸建は「賃貸・売却用及び二次的住宅を除く空家」が最も多く八〇・九％（二八五万一千戸）であり、共同住宅の空家は、「賃貸用の空家」が最も多く七八・五％（三九四万七千戸）となっている。今後は、一戸建てのみならず、共同住宅についても注視していく必要がある[1]。

また、空家は、居住環境がないため、適切に管理されないと、ごみが不法投棄されたり、雨風にさらされることから腐食し悪臭が発生したり、黒ずんで周辺家屋との風景・景観が悪化することもある。さらに、管理水準が低下すると、防災・防犯機能も低下してくるため、地震災害・風水害に弱く、建物の倒壊など事故を招く恐れだけでなく、火災が発生する場合もある。このように空家による周辺地域に及ぼす悪影響は、防災・防犯、衛生、景観など多岐にわたる。

こうした空家の発生原因について、日本都市センター（二〇一五）の調べによると、マクロ的な要因としては、まず、第一に、人口が減少し世帯数が減少傾向にもかかわらず、新築物件が建設されることにより余剰住宅が増加している点、第二として、わが国の新築志向により、中古物件市場が十分に形成していない点、第三に、住宅用地特例により、建物がある土地は、更地よりも固定資産税が軽減（六分の一等）され、空家を解体するインセンティブをない点などを挙げている。また、ミクロ的な要因としては、まず、①相続人の合意形成が困難、遺品の整理が進まない等の相続上のトラブル、②遠方にいる所有者の当事者意識の欠如、③未登記が長期化したため所有者が不明もしくは協議困難等、④所有者が認知症を発症して対応困難であること、⑤接道義務を果たさない建築困難な既存不適格な土地等を挙げることができる。

二　空家対策を分析する視点

では、空家対策は誰が行うべきか。経済学者の神野直彦教授は、著書「人間回復の経済学」の中で「私たちの住む社会総体は、経済システム、政治システム、社会システムという三つのサブシステムによって形成される。」と言っています。[2]これをもとに、行政学者の礒崎初仁教授は、地域社会における問題解決を考えると、市場による解決、政府による解決、地域社会における解決という三つの解決方法を挙げることができる。[3]

かつて、米国の財政学者であるマスグレイブによれば、政府の機能には、三つの機能があるといい、市場では提供できない財、公共財を提供する「資源配分機能」、また、市場が分配した政府が是正するための「所得再配分機能」[4]、そして、好況、不況と景気循環を繰り返す不安定な市場を政府が安定させる「経済安定機能」である。[4]

住宅は、不動産事業者（供給者）と消費者の取引で成立するので、対価を支払った消費者が財を占有できるため、これを私的財とみなすのが妥当である。しかしながら、住宅は、不動産という性格上、通常の私的財とは異なり、移動できないという特徴を有する。住人は、「居住地域」を移動させることができる一方で、住宅は移動させることはできないため、移動させることができない住宅こそが、効率的な資源配分を行うパレート最適な状況を阻んでいるといえる。また、私的財である空家は、所有者が特定できれば、空家のもたらす周辺への影響について話し合いにより解決できるが、所有者が特定できない、あるいは、不明な場合は民間では解決困難となる。さらに、火災を起こしてしまった場合は、延焼防止を行わないと周辺に拡大してしまったり、ごみの不法投棄が行われたり、また、犯罪の温床になるなど、防犯機能の低下、治安の悪化などによる生活環境の悪化により周辺住民に悪影響を及ぼしてしまう。こうした状況を、財政学では、地域に外部不経済をもたらすという。外部不経済の場合はもちろん政府が介入して地域に安全・安心な環境を作り上げるのが政府の役割である。こうした移動させることができない住宅が発生させる問題を解決するには公共政策として取り組む必要があり、こうした公共財、外部性の理論こそが空家の問題に政府が取り組む根拠といえる(5)。

さらに、都市部の需要が多い場所では、市場による解決を選択すべきであるが、人口規模が小さく、市場が成立しにくい地域は、政府による解決のみならず地域(コミュニティ)による解決が選択されるべきである。

また、増加する空家といっても、大きく二つの空家に分類でき、一つには、老朽化した、倒壊する危険性のある、いわゆる「危険な空家」の場合と、もうひとつは、人が住んでいないが活用することができる「利活用可能な空家」である。特に、利活用可能な空家は、「市場で解決可能な空家」と「市場で解決困難な空家」に細分化できる。

空家対策については、国・自治体による政府による解決のほか、最近では民間及び地域による空家対策が各地で行われるようになってきた。本報告では、こうした政府による解決、市場による解決、地域による解決の現状を検証、考察することで、今後の空家対策を展望することにしたい。

三　政府による解決

まず、「政府による解決」について考察する。

1　自治体が先行した空家対策

　これまで多くの自治体は、空家に対する条例を制定し、危険な空家を除去したり、解体や修繕するための条例を制定し強制的な措置を講じたりして、国に先行して対策を進めてきた。二〇一〇年七月に所沢市条例が制定されて以降、二〇一〇年頃から市町村を中心に空家対策に特化した条例対応が進められた。空家条例のほとんどは、法律の未規制領域を規制する条例として自主条例として整備された。最初に制定された所沢市条例もこのタイプであった。一方、建築基準法の特定行政庁を設置する市が、建築基準法の権限行使にあたって必要事項を定めて法律実施条例と規定する場合がある。(6) 建築主事は、「政令で指定される人口二五万人以上の市」に必置される行政庁である（4条1項）。空家対策として用いられる権限は、具体的には、建築基準法に基づき、既存不適格物件（3条2項）に対して発せられる措置命令である（10条3項）。対応が必要な老朽空家の多くは、「建築物の……構造又は建築設備……が著しく保安上危険であり、又は著しく衛生上有害である」状態であるという認識にたって、所有者等に対して、当該建築物の除却や修繕を求めるにあたって必要事項を定める場合である。このようなパターンの条例は、少数であり市川市条例がこれにあたる。(7)

　空家条例は、二〇一〇年七月の所沢市条例制定以降、自主条例を中心に、空家法の検討が本格化した二〇一四年四月当時三五五条例が制定されているといわれ、市町村と特別区の合計数の一七四一の約二〇％が条例制定したことになっていた。(8)

　このように空家条例は、都市部・地方部を問わず全国的に伝播したが、空家問題の課題である所有者もしくは管理者の「特定」という重要課題が解決できなかった。つまり、建物が登記されていないことは多くあり、所有者が判明できない場合は、固定資産税の課税情報を求めることになるが、地方税法22条の守秘義務条項がネックになった。また、所有者が確知できない場合は、命令を行うための名宛人の特定ができないため、行政代執行法上の代執行ができなかった。こうした所有者の特定を円滑に進めるための課税情報の活用と著しく危険性のある空家を「特定」空家として認定して対応することを主眼として、国においても議員立法により二〇一四年一一月に空家等特別措置法を成立させた。

2　国による空家等特別措置法の対応

空家等特別措置法の特徴は、第一に、「空家等」と「特定空家等」という概念をとりいれて、危険な空家への対応を第一に進めようとした点である。「空家等」とは、建築物のみならず、これに附属する工作物（建築されている敷地）を含むものであり、建築物に起因する保安上の危険性（建築物の倒壊、建材の飛散等）と敷地の樹木・雑草の繁茂に起因する生活環境の支障への対応を行うものである。この「空家等」には、独立した戸建てを想定しており、長屋や共同住宅（マンション）の一部のみ使用されていない場合はここでいう「空家等」には該当しないとしている。しかしながら、長屋や共同住宅のいくつかの住戸部分が劣化して保安上の危険、生活環境の保全上の支障については課題になっている自治体もあり、京都市をはじめいくつかの自治体で条例により規定されている。また、周辺の生活環境の保全をはかる必要性がある劣悪な管理状態にある空家等については「特定空家等」という概念を規定するとともに、「特定空家等」への対応は空家等特別措置法14条の「特定空家等に対する措置」に、除却等の助言・指導、勧告、命令として規定した。

第二に、空家等の所有者等に関する情報（固定資産税情報）の利用（10条）である。市町村は、空家等対策を進めようとする場合、当該空家等の所有者等を把握し、同者に働きかけることが不可欠である。空家等特別措置法9条1項の調査により所有者の把握ができる場合もあれば、それができなければ、不動産登記簿を閲覧して把握できる場合もあるが、相続等の権利移転後にその事実に権利登記が反映されていないために現在の所有者等が把握できない場合もある。また、当該空家等及びその敷地に関しては、固定資産税台帳に納税者もしくは納税管理者の情報が記載されている場合がある。空家等の所有者等の情報にたどりつくために有用である。固定資産税情報に関しては、地方税法22条は「……地方税の徴収に関する事に従事している者又は従事していた者は、これらの事務に関して知り得た秘密を漏らし、又は窃用した場合においては、二年以下の懲役又は百万円以下の罰金に処する。」と規定している。そこで、空家等特別措置法10条の1項では同一行政機関内での関係者同士の限定的な内部利用を可能とした。また、同条2項では、地方税法734条1項を基づき特別区に関して固定資産税を課す権限を持つ東京都と特別区との関係で、両者はそれぞれ別の行政主体であるため、1項の「内部で利用」の観念が利用できないため、1項の同様の対応ができるように2項で規定した。

第三に、所有者を特定できない場合の略式代執行制度を創設した点（14条10項）を挙げることができる。特定空家等の状態に至っている建築物については、命令の相手方となる所有者が不明である場合は少なくない。不明事案であっても命令要件を充足する場合に、空家等特別措置法14条10項は、「……過失がなくてその措置を命ぜられるべき者を確知することができないとき（過失がなくて第一項の助言若しくは指導又は第二項の勧告が行われるべき者を確知することができないため第三項に定める手続により命令を行うことができないときを含む。）」は、行政代執行ができると規定した。

これまでの政府による取り組みは、空家等特別措置法に規定する制度を中心に実施されており、それぞれの運用状況は、国土交通省の二〇二三年三月三一日現在調査によると、以下のとおりである。

3　空家等特別措置法の運用状況

(1)空家等対策計画（法6条）の策定状況

空家等に関する対策を総合的かつ計画的に行うために実施するため、計画を定めることができると法6条では規定している。一七四一市区町村のうち、既に計画済みの市区町村は一三九九であり全体の八〇%になる。今後策定予定の市区町村は二一八あることから、全体で九〇%以上に市区町村が空家等対策計画を策定することを予定しており、今後、空家等対策計画の全国的展開が予想される。

(2)法定協議会（法7条）の設置状況

協議会は、空家等対策計画の作成及び変更並びに実施に対する協議を行うことになっており、市町村長のほか、地域住民、議員、法務、不動産、建築、福祉、文化等に関する学識経験者などにより構成されることになっている。設置している市区町村は九四七のみ、約五四%にとどまり、今後の設置予定も二五一にとどまることで、全体で約七〇%程度の設置率である。法定協議会ではない任意協議会の設置で対応している自治体や庁内部局横断組織などで対応している自治体もあり、自治体が抱える空家問題について自治体により温度差があることが伺える。

(3)特定空家等（法14条）に対する措置状況

特定空家等に対しては、行政代執行が実施されたケースは一四〇件、略式代執行が実施されたケースは三四二件（二〇六自治体）で、空家等特別措置法で略式代執行制度を設けた点は評価できる。また、助言・指導を行っている自治体は三万〇七八五件（七七三自治体）、勧告を行っている自治体は二三八二件（三七六自治体）、命令まで行っている自治体は一四〇件（一〇三自治体）あり、自治体の助言指導で解決するケースが多いことが伺える。この点は、空家等対策を実際に行っている自治体現場の対応を評価することができる。

⑷空家等の譲渡所得三〇〇〇万円控除に係る確認書交付実績

空家等の譲渡所得三〇〇〇万円控除に係る確認書交付実績状況は、年々増加傾向にあり、令和三年度は一万一三七六件（六三一自治体）が交付している。この点は、国の空家バンク等を通じて空家の積極的な情報提供を行った結果、確認書の交付が年々増加していると考えることができる。

⑸空家法に基づく措置や市区町村による空家対策による管理不全の空家の除去や修繕などの推進

空家法の措置により除却や修繕等がなされた特定空家等は一万九五九九件、これ以外の市区町村による空家対策の取り組みにより、除却や修繕等がなされた管理不全空家等は一二万二九二九件であり、空家対策として取り組んだ一四万二五二八件のほとんどが管理不全空家等である。こうした状況を踏まえると特定空家以前の管理不全空家に対して自治体は対応していくことが期待される。

4　法による強制措置以外の対応（インセンティブ手法・ディスインセンティブ手法）

国又は自治体は、以上の危険な空家に対する強制措置だけでなく、利用可能な空家への対応も行ってきた。[9]

⑴インセンティブ手法

まずは、条例を制定していない自治体においても、「空家バンク」制度を立ち上げ、空家の売却、賃貸等を行い、空家の利活用の促進・流動化を図ってきた。こうした中古市場の活性化は、空家等対策が本格化した当初、いいかえると空家等特別措置法が制定された二〇一四年頃は、民間の不動産市場は利益も出ないこともあり積極的でなかったため、国や自治体が先導し、中古物件である空家の流動化を図った。さらに、社会問題化した空家の危険性について、チラシなどを用いて普及啓発にも取り組んだ。また、危険な空家を撤去することや、利用できる空家の利用促進を図ることを目的に補助金の交付を行った。空家の周辺地域に及ぼす外部不経済を取り除くために行ったものであるが、公共性については疑問視され、家屋を適正管理するのは所有者の責務であるため、全額補助でないとしても「お金をくれるなら解体してあげる」というモラルハザードになりかねない点で問題であろう。

⑵ディスインセンティブ手法

むしろ、適正管理しないと損をしない仕組みを基本とする制度設計が空家対策を行っていく上では妥当であると考える。

国は、二〇一五年度税制改正では、危険な特定空家に対して固定資産税の住宅用地特例（建物のある土地の固定資産税の軽減措置）を解除することとし、二〇一六年度税制改正では、相続して一定の期間内に空家を売却すると譲渡所得税の特別控除が受けられるようにするほか、国土交通省は空家バンクを開設するなど、空家化の予防、空家の流通・活用等の施策を推進してきている。

⑶政府への寄付制度

次に、自治体への寄付制度である。

利用可能な空家で、市場で解決困難な空家は、自治体による解決が必要になる。例えば、千葉県流山市の高齢者と子育て世帯の需要をマッチングさせる「住み替え支援・ワンストップ体制」や東京都奥多摩町の移住制度とリンクした寄付された空家を活用し一五年居住した場合の移住者への譲渡などを代表例に挙げることができる。この寄付制度は、空家・空地の所有権放棄や国庫帰属につながる仕組みとして評価することができる。

国も二〇二一年四月の相続土地国庫帰属法制定し、相続等によって土地の所有権を取得した者が、法務大臣の承認を受けて国庫に帰属させることができるようになった。しかし、国庫に帰属させるためには、土壌汚染調査を実施しなければならず、また、一〇年分の土地管理費相当額を納付する必要がある等、国庫帰属要件のハードルが高い点が課題である。

(4)適切な情報提供

さらに、適切な情報提供である。

空家問題を広く市民に周知する情報提供以外にも、外壁材等落下による事故を想定し、民事上の工作物責任（民法717条）を記載した京都市の「空き家便利帳」、神奈川県相模原市のパンフレット「あなたの空き家大丈夫？」による「当事者意識」を喚起する取組みも大切である。

5　これまでの政府対応の課題

(1)行政代執行後の費用回収課題

空家等特別措置法14条3項による命令が発出されても措置が講じられない場合、市町村は、同条9項に基づいて代執行を行うことができる。(10) 行政代執行法2条に規定される公益要件を不要とする代執行であり、緩和代執行と呼ぶことができる。(10) より迅速に代執行を可能とする点で評価できる規定である。また、命令の名宛人を過失なく確知できない場合には、空家法14条10項に基づいて略式代執行を行うことができる。(11)

空家等特別措置法の行政代執行についての費用回収は、空家等特別措置法14条9項が、「行政代執行法……の定めるところに従い」と規定していることから、行政代執行法5条「代執行に要した費用の徴

図表1　代執行の費用回収状況《総務省》調査

行政代執行	10件
所有者等から費用全額を回収済み	1件
全額回収の見込みが無く費用の一部を回収済み又は回収見込み	3件
所有者等が分割納付中	2件
所有者等へ請求中	3件
費用回収方法検討中	1件
略式代執行	38件
費用全額を回収済み	4件
費用の一部に国又は県の補助金を利用	13件
費用全額又は一部を回収予定	5件
費用回収方法を検討中	3件
全額自治体負担	13件

（出典）北村（2022）pp162〜163「代執行費用の回収状況」の一部修正

収については、実際に要した費用の額及びその納期日を定め、義務者に対し、文書をもってその納付を命じなければならない。」同法6条「代執行に要した費用は、国税滞納処分の例により、これを徴収することができる。」によることになる。

一方、略式代執行は、「代執行に要した費用を強制徴収することはできない。すなわち、義務者が後で判明したときは、その時点で、その者から代執行に要した費用を徴収することができるが、義務者が任意に費用支払をしない場合、市町村は民事訴訟を提起し、裁判所による給付判決を債務名義として民事執行法（昭和五四年法律4号）に基づく強制執行に訴えることとなる（地方自治法施行令（昭和二二年政令第16号）171条の2第3号）」国土交通省（「特定空家等に対する措置」に関する適切な実施を図るために必要な指針（ガイドライン）二四頁）。総務省が調査を行った市町村のうち、費用の回収状況は、図表1のとおり極めて困難な状況である。場合によっては、国の補助制度（社会資本整備総合交付金（空き家再生等事業（除却タイプ））、空き家対策総合支援事業）も利用されており、政府としても現行法上可能な支援を行っているといえよう。

危険な空家については、空家等特別措置法により、円滑に行政代執行を実施する制度は整ったが、費用回収の面で困難な状況が続いている。

⑵住宅用地特例の厳格化

次に、京都市の放置空家に対する住宅用地特例の厳格化を挙げることができる。固定資産税の住宅用地特例は、居住に対する税負担の軽減措置として、政策的に配慮された措置であるから、居住の用に供給される見込みのない家屋の敷地については、特例が適用されるのは不適切であり、その厳格がなされるべきである。居住に必要な管理を怠っているなどの敷地については、特例を解除することは適正課税の観点からも合理性があるといえる。

この意味でも、自治体は、放置空家に対する住宅用地特例適用の厳格化を図るべきであり、合わせて、空家の活用・流通の促進及び管理不全空家の適正管理の指導などを組織的に行っていく必要がある。⑿

⑶非居住住宅利活用促進税の導入

さらに、京都市における非居住住宅利活用促進税の導入を参考にしたい。居住者のない住宅が存在することによる現在及び将来の社会的費用を低減しつつ、その経費に掛かる財源を確保するための新税である。別荘に対する課税は静岡県熱海市がすでに導入しているが、別荘に限らず、居住実体のない住宅や空家の所有者までに広く課税するのは京都市が初めてである。

新税の目的は、マンション価格の高騰が若い世代の流出を招き、税収減に直結していることに着目する。京都市は、投資目的などで人が住んでいない住宅に対して新たな税金を課し、不動産の流動化を促進しようとしている。新税の特徴は、建物の価値が低く、売ろうとしても売れずに困っている人への配慮として、新税導入から五年間は家屋の固定資産税評価額が一〇〇万円未満の建物を対象外としている。また、市条例で保全対象となっている京町家や、賃貸や売却を予定している建物を対象外としている。つまり、売れるもしくは利用できるにも関らず、売ったりもしくは賃貸する予定がない物件を対象としており、対象の絞り込みが特徴である。(13) 市場で解決できる可能性がある利用可能な空家は、利用促進させる仕組みが重要であろう。また、非居住住宅利活用促進税について、空家の解体費の積み立て義務化・法制化にもつながる取り組みとして評価することもできる。さらに、米山秀隆教授の「所有者責任を徹底させ、今後は、住宅を取得する際、供託金の形で除却費用をあらかじめ用意させるという手法」(日本経済新聞二〇二二年二月一二日記事)についても検討していく必要がある。

四　市場による解決

次に、「市場による解決」について考察することにする。

1　リースバック・リバースモーゲージ（終活とのリンク）

市場における空家対策として注目をされているのが、リースバック、リバースモーゲージである。リースバックとは自分の家を売ってもその家に住み続けることができる不動産のサービスである。所有と利用の分離の一形態であるといえ、事業調達や高齢者の「終活」としても資産整理に役立てている人も増えている。

このサービスは、所有者は買取代金を一括払され、そのまま賃貸を支払うことで住み続けることができるために、固定資産税を払わずに、引っ越しも不要であり、住宅ローンの完済にも貢献できる上、周辺住民からは生活環境の変化が感じらないために、スムーズに手続きが進むと考えられる。

空家対策としては所有者の特定に貢献でき、所有者不明問題を払しょくできるので評価できる。また、リースバックを活用することで区分所有権の数を減らし、将来的に合意しやすい環境にするなど老朽化したマンションの建て替えや敷地売却への支援策として発展的な活用の可能性もある。[14] 一方で、相続対策、終活にも有用であることから、高齢者が主な対象となっているため、不動産の取引情報を十分持ち合わせない高齢者がトラブルに巻き込まれる可能性は否定できない。情報の非対称性が問題となる。つまり、契約それ自体の問題として、売却価格の適正化、賃貸借の期間の設定、さらに、不動産事業者の経営状況による倒産の懸念もある。かつて、バブル経済の時期に行われた国土利用計画法に基づく土地取引前の届出制を導入するところまでいかなくても、自治体としてはしっかり消費者たる空家所有者からの相談体制を整えて、こうした問題点を市民に情報提供していく必要はあるのではないかと思う。

次に、リバースモーゲージは、自宅を担保として老後に必要な生活資金などの融資を金融機関から受ける金融商品である。一般的には毎月利息のみを支払い、元本は死後自宅を売るなどして返済する仕組みである。高齢者にとっては、建物の老朽化に伴う修繕や住み替え費用に加えて、老後に残った住宅ローンの借り換えにも利用されている。保険料を反映しているために、利息が高めに設定されている可能性もあり、利息払いの適正化などの課題も出てきている。

この取り組みもリースバックと同様に、自治体としてはしっかりと相談体制を整えて、こうした問題点を市民に情報提供していく必要はあるのではないかと思う。

2　サブリース化

また、空家のサブリース化も進展している。空家を賃貸型の住宅や店舗などに改修し、第三者に貸し出すビジネスが注目されている。こうした空家のサブリース化は、車などで顕在化している若者のサブスクリプション指向を反映したものといえる。原則として空家所有者は費用負担せずに、不動産事業者が借り上げ、自社負担でリフォーム、賃貸住宅、店舗、ガレージ等として利用するほか、旧社宅をクリエーター向けシェアオフィスに、木造長屋をカフェ&バルなどにして収益化を図る仕組みである。その後、物件を借りた利用者は不動産事業者に家賃を支払い、企業は所有者に賃料を支払う。売るには売れない、今は使わないが手放したくない所有者の選択肢になるものの、賃料の設定が税負担程度でいいのかどうか疑問である。空家の放置が問題であるが、空家の利活用、空家をなくすという言葉だけに踊らされて、不動産事業者のビジネスだけに利用される傾向を放置していいかという懸念もある。さらに、全国の空家・遊休不動産所有者と、そこをリノベーションして何か新しい事業をしたい人と事業を小口投資して応援したい人をつなぐクラウドファンディングサービスがある。このサービスは、プロジェクトに気軽に参加できることが最大の特徴である。

空家・空店舗の利活用については自由度があるからこそ、いいアイデアが生まれるともいえるので、こうした自由度の高い手法は、民間らしい市場解決手法といえるので規制は必要最小限とすべきであろう。

3　空家バンクと民間市場との連携

利活用可能な空家については、積極的に売却するために「空家バンク」により積極的に情報提供していくことが重要かと思う。例えば、群馬県渋川市の空家バンクは、令和三年六月一四日現在で成約件数二四件（うち二三件売却）あり、群馬県内だけでなく、東京都、埼玉県、新潟県、熊本県の住民が成約している。

住宅市場は、自治体の「区域」を超えることがあるため、民間事業者（アットホーム、ライフルホーム）と連携している国土交通省の空家バンクに登録していることが成功の大きな要因になっていると思う。空家バンクについては、市町村は情報を整理しまとめることに専念し、まとめた情報の発信は、民間の新規物件市場とリンクしている国土交通省の空家バンクに委ねたほうが規模の経済が働き、効果的である。今後は、新たな生活様式により、労働のあり方が多様化する中で、二地域居住、多地域居住などが積極的に推進されることで、安価な住宅需要が高まることが予想され、空家バンクを使った空家の活用促進は一層高まるものと考える。

さらに最近では、婚活イベントでよく利用されているマッチングサイトであるが、空家対策にも活用されている。空家に残された家財、廃業した病院、工場など、民間不動産では扱わないようなものを扱う、マッチングサイト「家いちば」の取り組みも注目される(15)。この仕組みは、群馬県の古民家再生・活用促進事業「コミンカコナイカ」等にも活用できる仕組みといえよう。この事業は、貴重な地域資源である古民家や古材等を活用してサスティナブルなまちづくりの実現、地域経済の活性化、官民共創コミュニティの醸成などを図るため、市町村や不動産業者、まちづくり団体、金融機関等が連携して官民共創チームをつくり、取り組むものである。今後の展開に期待したい。

五　地域による解決

さらに「地域による解決」について考察することにする。

1　NPO法人つるおかランド・バンク方式

地域による解決の例としては、例えば、山形県鶴岡市において、NPO法人が中心になって空家跡地を隣接所有者に売却する「ランド・バンク方式」が注目を集めている（図表2参照）。

鶴岡市では、NPO法人つるおかランド・バンクが中心となって、空家、空地、狭あい道路を一体の面的な課題として捉えて、所有者などの関係者から寄付や低廉な売却での協力を受けて、空家の解体・整地・低廉な売却整理により、生活しやすい環境に小規模でかつ連鎖させる「小規模連鎖型区画整理事業」を行っている。

例えば、空家の家をNPOに売却して、NPOが空家を解体し、建築基準法の接道義務を果たさない隣家である所有者に低価格で売却することにより、解体費を相殺した上に、前面道路を拡幅する。狭あい道路が解消され、隣家である所有者は建て替えが可能になる次の世代の若者所有者が住むことが可能になる。地域による世代交代につながる。一方で、空家の解体・整地・低廉な売却整理など、権利関係の整理に時間をかなり要するのに、取引価格が低廉なために時間当たりの手数料が少ないという課題がある。民間事業者による市場による解決が難しくNPO法人による解決になる点は否定できない。こうした仲介手数料不足に対しては、NPO法人つるおかランド・バンクは、三〇〇〇万円のファンドを基に、補助率五分の四、上限三〇万円のコーディネート活動支援を行っている[16]。

こうしたNPOが中心となって行うランド・バンク事業は、行政主体の補助制度や土地区画整理事業に拠らない民間事業の手法であり、面的に整備する点が特徴であるが、民間事業者には頼ることができない面、地域による解決に依存せざるを得ないといえる。

2　NPO法人空家・空地管理機構センターによる「一〇〇円管理サービス」

図表２　つるおかランド・バンクの概要

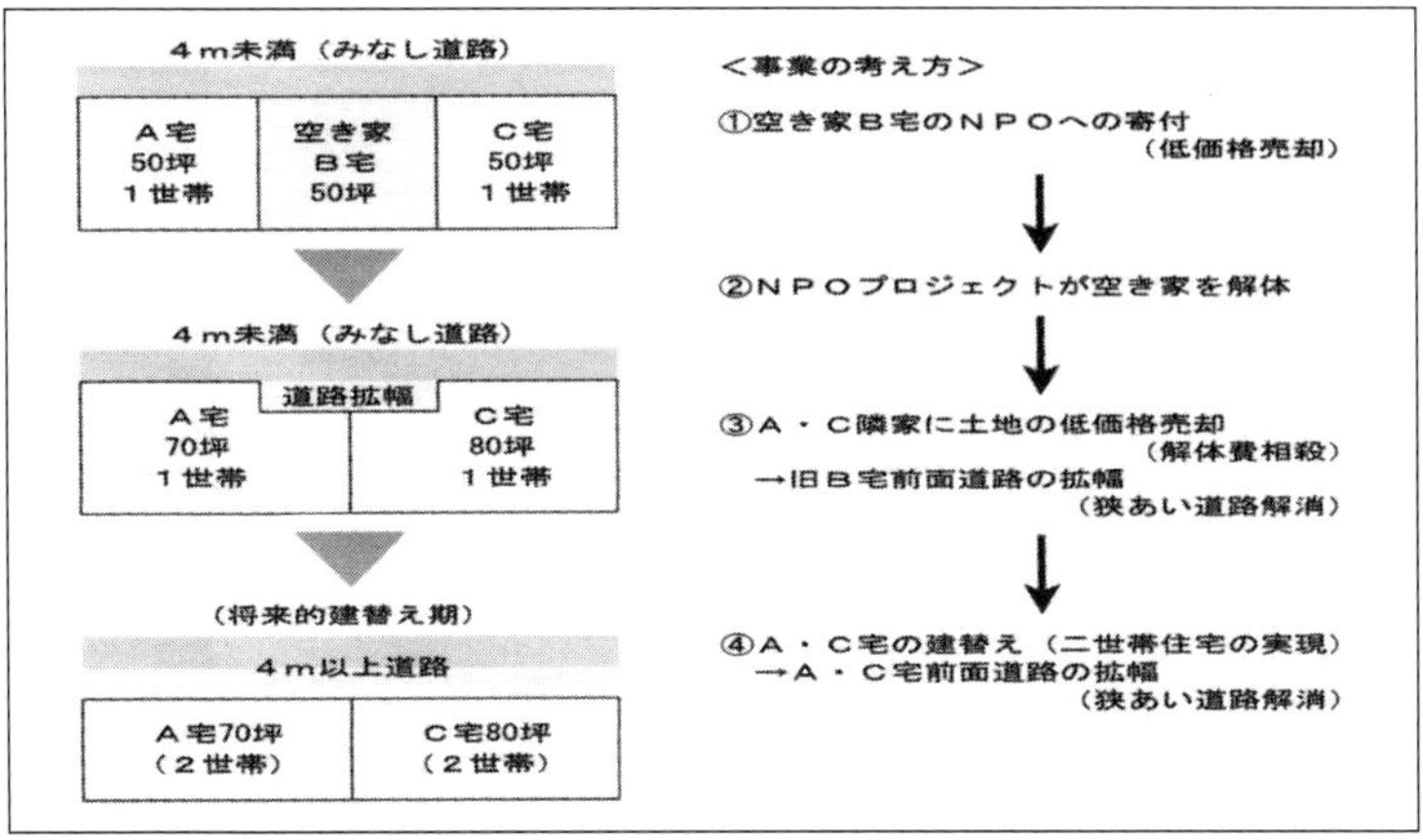

（出典）山形県鶴岡市ＨＰより作成

ＮＰＯ法人空家・空地管理機構センターによる手軽に依頼できる「一〇〇円管理サービス」の仕組みが注目される。これは、居住環境がない空家は急速に劣化することによる、近隣トラブルを回避するために空家の管理が重要になる。月に一回、外から目視で問題がないか確認し、写真付きで巡回報告書を送信する。クレーム対応も電話により行っており、防犯のために、ＮＰＯ法人空家・空地管理センターの看板を設置することもある。

３　一般社団法人高崎経済大学０号館による子ども食堂とタイアップした取り組み

最近は、ＮＰＯ法人より設立が容易で、活動が制限されない一般社団法人が注目されており、高崎経済大学の学生により組織化されている高崎経済大学０号館もその一例でもある。この施設は築一〇〇年を超える木造二階建ての古民家を取得し、地域の居場所となるコミュニティスペースとして二〇一五年にオープンした。野菜の直売会を開くほか、フリーマーケットや会議などのレンタルスペースとしての貸し出しを行っている。このほか、地域の居場所づくりを守ろうとして「高崎子ども食堂みんなでごはん」とタイアップして子ども食堂を週三回開設し、栄養バランスに注意した食事を提供している。

こうした自治組織の取り組みは、いずれの形態をとるにしても、地域による解決として今後期待したいところである。こうした地域による解決のためには財源調達が必要であり、高崎経済大学の学生で作られている高崎経済大学0号館は、改修費費用などをクラウドファンディングで募っている。補助金に頼らずに自主的に運営資金を調達しようとする仕組みとして評価できる。一方で、自治組織から自治体に補助金を求める声も聞こえるが、初期投資でない運営資金については自治組織こそ自治体からの補助金に依存することなく、自らが地域からもしくは全国から資金を集め、ねん出すべきである。そうすることで、自走した自治組織が可能になり、持続的な地域による解決が可能になると考える。一方で、自治体は、こうした自治会・町内会、ボランティアなどの自治組織に対して、安易に補助金を交付するのではなく、自立した活動ができるようにそれぞれの団体の活動内容、資金調達方法などの情報を積極的に発信し、自治組織同士が意見交換できる場を設定していくべきであろう。

さらに、地域の人的資源としては、とりわけ、定年退職されて元気な世代、アクティブシニアによる地域貢献が求められ、地域におけるシルバー人材センターの役割は大きくなっていくものと思う。

六　今後の空家対策〜政府は何を行うべきか

空家等特別措置法は、平成二六年一一月二七日に公布され、平成二七年二月二六日（特定空家等に関する規定は五月二六日）に施行され運用されてきたが、附則「試行五年経過後に、施行状況を勘案して検討する」という規定を踏まえ、特定空家等の判断等の明確化、空家等対策の支援する民間主体活用などの基本方針を検討し、空家等特別措置法の改正を令和五年六月に行った[17]。まずは、改正までの経緯を述べて分析することにしたい。

1　社会資本整備審議会・住宅宅地分科会・空き家対策小委員会とりまとめ

以上のような、政府、民間・市場、地域の取り組みを反映して、社会資本整備審議会・住宅宅地分科会・空き家対策小委員会（令和五年二月七日）では、以下の方向にとりまとめ、今後の空家対策の基本的方向性を示している。

(1)基本的方向性

活用困難な空家の除却等の取組みを加速化・円滑化させる。その一方で、「空家をなるべく早い段階で活用する」との考え方を基本とし、所有者や活用事業者の判断を迅速化する取り組みを推進する。さらに、特定空家等の状態になる前の有効活用や適正な管理を促進し、地域経済等の活性化につなげる。具体的には、法制度、予算、税制等の様々な政策ツールを活用し、官民が連携して総合的に推進するとしている。

(2)今後の空家対策の推進

今後の空家対策の推進について、(イ)発生抑制、(ロ)活用促進、(ハ)適切な管理・除却の促進の三段階にまとめている。

(イ)発生抑制の段階

所有者や家族の「住宅を空家にしない」意識の醸成として、「終活」としての空家の重要性・空家リスク等の意識啓発、自治体とNPO等と専門家との連携し、相談会などの実施や、所有者のニーズに応じた死後に空家にしない仕組みの推進として、リバースモーゲージ等の活用の円滑化などを挙げている。

(ロ)活用促進の段階

相続時に自治体やNPO等が空家リスクや相続先の周知、空家バンク登録の働きかけなどを行い、相続人への意識啓発・働きかけや相続時の譲渡等促進を行ったり、相続空家の早期譲渡を促すインセンティブ拡大などを行う。さらに、一定エリアでの空家の重点的な利用促進、モデル事業の強化支援などを行う。

(ハ)適切な管理利用促進

住宅用地特例解除を含む特定空家となるおそれのある空家の所有者に適切な管理を促す仕組みの制度化、財産管理制度の利用の円滑化、緊急時の代執行等特定空家への措置の緩和など適切な管理利用促進に向けた取り組みを行う。

(ニ)NPO等の民間主体やコミュニティの活動促進

NPOや社団法人等の公的な位置づけ等を行うことで空家の活用・管理に係る相談対応やマッチング等の活動をしやすくする環境整備を行ったり、地域レベルで空家を放置しない自治会などから所有者への管理・活用の働きかけを積極的に行う取り組みを促進する。

2　二〇二三年空家等特別措置法改正の概要

二〇二三年空家等特別措置法の改正は、二〇二三年六月に公布され、六か月以内に施行されることになっている。この改正は、二〇一八年に制定、二〇二二年に改正された所有者不明土地利用促進円滑化等推進法人の指定制度や、所有者不明土地について国や自治体が民法に基づく管理命令等を裁判所に請求できる民法に基づく管理命令制度の特例措置などを参考にした内容になっている。改正概要の特徴は以下のとおりである。

(1)「管理不全空家」という概念

現行法は（平成二六年制定）は、緊急性に鑑みて、周囲に著しい悪影響を及ぼす空家（特定空家）への対応を中心に制度的措置を規定してきた。このような特定空家になってからの対応では限界という認識のもとに、新たに管理不全空家を中心に政策を定め、「活用拡大」「管理の確保」、「特定空家の除却等」の三つの視点からの対応を強化した（図表3参照）。

さらに、空家は個人の財産である一方で、活用されず管理状態が悪化することで、地域の公共的な課題を生じる点から、所有者の責務として、現行の「適切な管理の努力」に加え、国・自治体の施策に協力する努力義務規定を追加した。

(2)空家等活用促進区域の設定

国土交通省が行った調査によると、調査した市区町村の約四分の一が、中心市街地、密集住宅市街地、中山間地域、郊外住宅団地など一定の地域に空家等は集中していると回答しており、また、三分の一超の市区町村が、中心市街地、郊外住宅地、観光振興促進地域での空家等の利活用を促進したい地域があると回答している。中心市街地、密集住宅市街地、郊外住宅団地は、実際に空家が集中する地域と利活用意向のある地域のいずれでも上位を占めている。また、様々な政策の一環として空家等利活用に関する取り組みを実施している市区町村は約八割あり、「移住・定住」、「二地域居住」の促進のほか、

図表3　空家対策の方向性

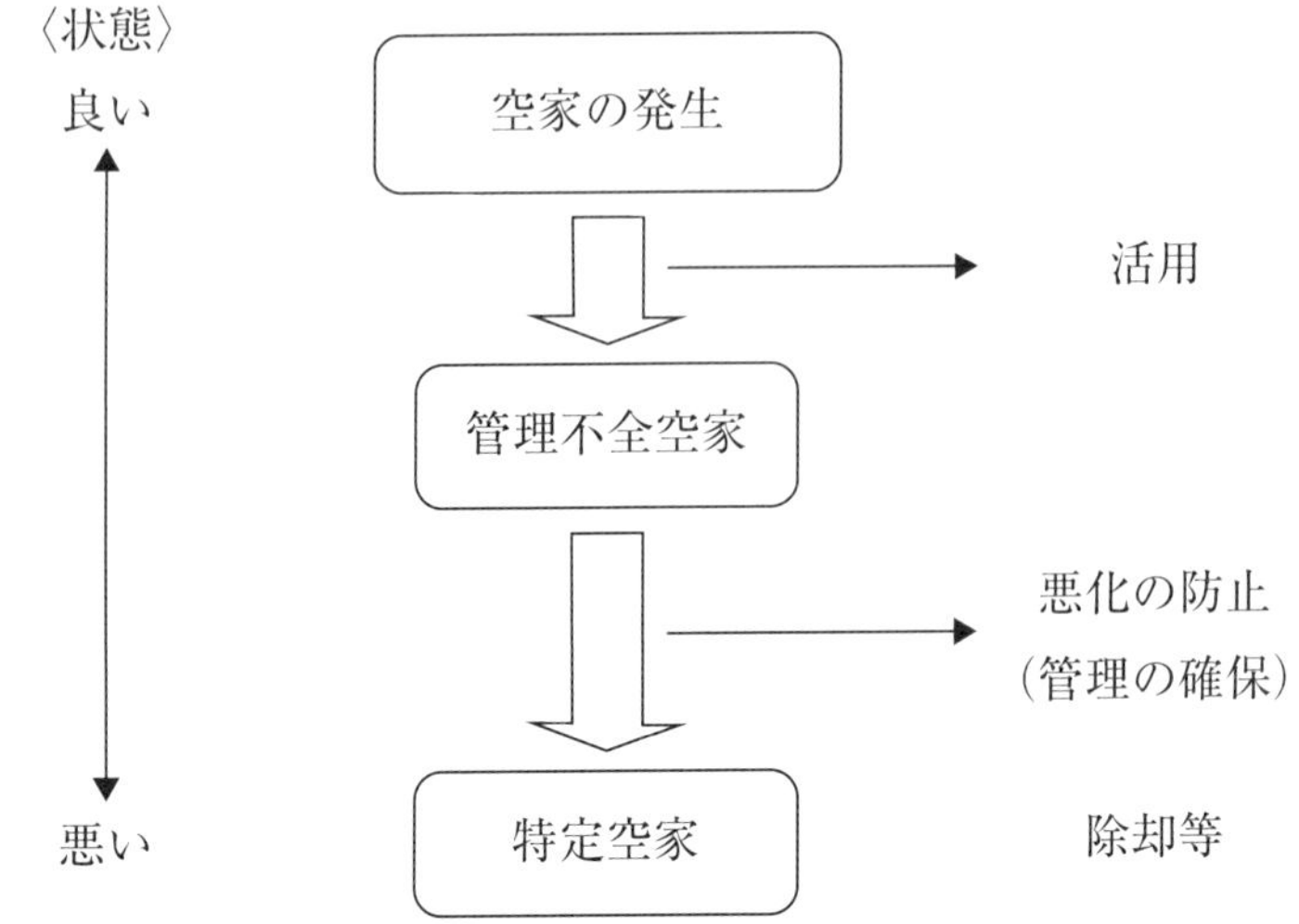

(出典) 国土交通省資料一部修正

「地方創生」や「中心市街地活性化」を目的とする政策の一環で、空家等の利活用の取り組みを実施している自治体が多い。また、中心市街地や地域再生拠点など、地域の拠点となるエリアに空家が集中すると、当該地域の本来的機能を低下させる恐れがある。さらに、古い空家を活用する上で、建築基準法等の規制がネックになっていることもあり、規制緩和も検討する必要がある。

以上の点を踏まえ、中心市街地、中山間地域、郊外の住宅地域において、空家を「点」としてみるのではなく、空家が発生する「エリア」として①中心市街地の活性化、②郊外の住宅団地におけるコミュニティの維持や再生という観点を含めて、面的に空家対策を行っていく必要がある。具体的には、市区町村が重点的に空家の活用を図るエリアを定め、規制の合理化などにより空家の用途変更や建て替え等を促進する。

具体的な改正内容として、市区町村は、中心市街地や地域再生拠点等の区域のうち、空家の分布や活用の状況などからみて、空家の活用が必要と認められる区域を「空家等活用促進区域」として、区域内の空家の活用指針とともに、「空家等対策計画」に定め、規制の合理化等の措置を講じる。区域内では、活用指針に合った空家活用を市区町村長から所有者に要請することができる。空家等活用促進区域として指定される地域は、第一に、中心市街地活性化に関する法律2条の「中心市街地」があり、商店街の店舗として活用することで、中心市街地のエリアとして有する商業機能・都市機能の向上を図ることが期待される。第二に、地域再生法5条4項8号の「地域再生拠点」があり、移住用交流拠点としての活用に移住ニーズや生活サービスの維持・確保等を図ることが期待される。第三に、地域再生法5条4項11号の「地域住宅団地再生区域」があり、スタートアップ企業によるオフィス、ネット通販の搬送拠点として活用することで、地域コミュニティの維持を図ることが期待される。第四に、地域における歴史的風致の維持及び向上に関する法律2条2項による「歴史的風致の維持・向上を図るための重点区域」があり、周辺の景観と調和する形で観光施設として活用することで、観光振興、歴史的風致の維持を図ることが期待される。この他、市区町村における経済的社会的活動の拠点として機能を有する地域を省令でさだめることとし、市区町村内の一部もしくは全域でも区域設定できることを検討している。

空家等活用促進区域内では、(ア)接道規制の合理化（建築基準法関係）、(イ)用途規制の合理化（建築基準法関係）、(ウ)市街化調整区域内の用途変更（都市計画法関係）などの規制の合理化等の措置を講じる。

(a)接道規制の合理化（建築基準法関係）

現行法では、幅員四メートル以上に二メートル以上接していないと建て替え、改築は困難であるが、改正法では、市区町村が定めた「敷地特例適用要件」に適用する空家は、前面の道が四メートル未満でも建て替え、改変等を可能にするものである。現行法でも、個別に特定行政庁の許可を受ければ建替え等は可能であるが、許可等を受けられるどうかの予見可能性が低いことが課題になっており、この点を改善しようとするものである。一般的に建築基準法による許可の予見性が低いのは、許可に際して建築審査会の同意を必要とし、その同意が得られるかどうかについて建築主に対して事前に確定情報を伝えるのが難しいからである。このことについては、包括同意基準を定めて公表することで予見可能性を高める取り組みが特定行政庁である市町村をはじめ各自治体で行われているところであり、法改正前でも一定の予見可能性は可能であったと考える。[18] また、建築基準法の接道条件は、火災に対する消防活動を確保するためのものであり、この保護法益以上に空家等の除却、活用を優先させる必要性、そして、敷地特例適用要件にいかに安全性を盛り込むことができるかが重要であろう。

(b)用途規制の合理化（建築基準法関係）

現行法では用途地域に応じて、建築できる種類が限定されているが、改正法では、市区町村が定めた「用途特例適用要件」に適合する用途への変更が容易にできるようになる。

国土交通省は、具体例として、第一種低層住居専用地域で空家をカフェとして活用することが容易にできるようとしているが、地域全体のハーモニーを害さない程度での「用途特例要件」を規定できるか注目される。

(c)市街化調整区域内の用途変更（都市計画法関係）

現行法では、市街化調整区域内では用途変更に際して都道府県知事の許可が必要であるが、改正法では、空家等活用促進区域に市街化調整区域を含める場合には、都道府県知事と協議が必要とした上で、空家活用のための用途変更許可に際して、都道府県知事が配慮することとした。市街化を抑制する市街化調整区域の趣旨・目的に抵触しないようにするためのルール作りが求められる。

以上のような空家等活用促進区域内の規制緩和には、建築審査会や都市計画審議会などの専門家による組織の同意が必要であろう。

⑶空家等管理活用支援法人の指定

所有者が空家の活用や管理の方法、除却に係る情報を容易に入手し、相談できる環境が少ないことや、多くの市区町村ではマンパワーや専門的知識が不足しており、所有者への働きかけ等が十分にできない場合があるため、空家の活用、管理に関する相談や所有者と活用事業者等のマッチング等を行う主体が活動しやすい環境を整備する必要があり、実際に所有者の委託を受けて管理する団体もあることから、市区町村が空家の活用や管理に積極的に取り組むＮＰＯ法人、社団法人等を空家等管理活用支援法人に指定するものである。先ほど紹介した山形県のＮＰＯ法人つるおかランド・バンクが候補になるであろう。

⑷行政代執行の円滑化（緊急時の行政代執行制度の創設、代執行費用の徴収の円滑化）

⒜緊急時の行政代執行制度の創設

現行法は、特定空家の除却等の代執行を行うためには、緊急時でも命令等を経る必要があり迅速な対応が困難であるため、改正法では、台風などにより周辺住民の身体、生命に危険な状況を及ぼす場合には、助言、指導、勧告を行った上で、命令等を不要とした緊急代執行を創設した。あくまでも命令のほか、命令に付随する意見書の提出、公開の意見聴取が不要になるものであり、命令前の助言、指導、勧告は必要とすることから、自治体が条例に根拠をおいて制度化されている即時強制とは異なる。

(b)代執行費用の徴収の円滑化

現行法では、通常の行政代執行の場合、行政代執行法に定めるところにより、所有者から行政代執行費用の強制的な徴収が可能であった。一方、所有者不明時の略式代執行の場合は、所有者が判明した場合、具体的には確定判決により債務名義を取得するため、費用請求訴訟を起こした上で、民事執行法に基づく強制競売により費用徴収してきた。改正法では、略式代執行や緊急代執行においても、行政代執行法に定める国税滞納処分の例により、強制的な費用徴収を可能にするものである。

(5)財産管理人による空家の管理・処分

現行法では、土地・建物等の所有者が不在・不明である場合等に、利害関係人の請求により裁判所が選任した「財産管理人」が管理や処分を行うことができる制度が定められている（財産管理人制度）。また、所有者不明土地管理制度は、所有者不明土地法に基づいて、市区町村が活用することができ、また、所有者不明土地管理人の選任を裁判所に請求することができる（所有者不明土地法42条2項）。改正法は、「財産管理人」の選任請求権は、民法上は利害関係人に限定されているが、空家等の適切な管理のために特に必要があるときは市区町村長も請求可能とした。今後は、裁判所が選任した財産管理人がどの程度業務に精通し、積極的に課題解決に取り組めるかどうかが重要になるであろう。

3　空家等特別措置法の改正を踏まえた税制による支援措置

現行制度は、市区町村長から勧告を受けた特定空家の敷地について固定資産税の住宅用地特例制度を解除しているが、法改正により創設された管理不全空家について、市区町村長から勧告を受けた管理不全空家の敷地についても住宅用地特例制度を解除できることとし、空家の利用促進をバックアップする。

4　その他政府の対応

(1)フォーカスした支援・情報提供

空家は、図表4のように、危険な空家と利用可能な空家に分類でき、危険な空家は、政府が強制的な措置を講じるなど対応すべきであり、利用可能な空家は原則、市場で解決すべきであり、市場が成立しない場合は、政府や地域が解決すべきであると考える。しかしながら、多くの自治体は、空家の管理、解体、利活用に対して助成制度を設けており、とりわけ、利活用については、事務室、店舗として活用できる市場で解決できるような補助メニューもあり、政府による過度な解決といえる。今後は、政府による補助制度については、フォーカスした支援に純化していくべきであろう。また、情報提供も市民全般に行うものと対象を絞って行うものと選別して行うべきであろう。

空家問題を広く知っていただくために広報紙、チラシを使って行う情報提供のみならず、実際に空家を所有しているもしくは所有することになってしまって対応しなければならない所有者・管理者に対しては、民法上の工作物責任や不動産登記など専門的な相談体制を構築する必要があり、今後は情報面においてもフォーカスした情報提供が求められる。

(2)コンシェルジュとしての政府の役割

図表4　空家に関する政府・市場・地域の役割分担

危険な空家	市場で解決できない	政府の役割
利用可能な空家	市場で解決できない	政府の役割　地域の役割
	市場で解決できる	市場の役割

（出典：岩崎作成）

急増する空家問題に対して「終活」とリンクして、相談や売却の準備を促すことで空家の発生を抑えるための相談体制づくりを行う自治体が増えている。神奈川県大和市の「終活コンシェルジュ」もその一例である。同市は、二〇二一年に「終活支援条例」を制定して、「おひとりさま政策課」を終活窓口として新設した。対象は、一人暮らしの高齢者のほか、高齢の夫婦、兄弟姉妹のみで暮らす世帯も対象とし、葬儀の生前契約、家財整理などの相談を受けている。従前は、終活は、エンディングノートとして葬祭業者など民間事業者が中心になって事業展開してきたが、死亡した事実を民間事業者が把握できず、エンディングノートの活用できない場合が多かった。こうした状況に対して死亡届がなされる自治体がフォローすることで、終活とリンクした空家対応が可能になる。まさに政府の役割は重要であろう。

なお、奈良県内を中心に空家トリアージ（空家の老朽度、広さ、間取りなどの立地条件とエリアの特性などを要素に空き家やその跡地利用を検討する活動）を実践する「特定非営利活動法人空き家コンシェルジュ」もある(19)。

さらに、所有者不明土地問題対策として、二〇二四年から不動産の取得を知ってから三年以内に不動産登記が義務付けられることになったが、その前に、所有者自身の問題として、当事者意識をもって対応することに期待したい。

(3)不動産のサブスク化への対応～消費者保護の視点

新型コロナ感染症対策として行われたリモートワークにより、場所にとらわれずに働くことができるようになり、一定の住居に住むという従来の価値観が変容している。ここ数年、音楽や娯楽分野で使い放題サービスが定着し、カーシェアリングなどの車、洋服まで、一定期間内に一定金額で商品やサービスを利用できる「サブスクリプション（サブスク）」は定着してきた。住居のサブスクリプションの特徴としては、一定金額を月に一度支払えば、何度でも利用可能であり、共同で住まいを利用できる賃貸が安価に抑えることが可能である。

今後は、空家を「所有」・「管理」としての不動産から「商品」としての不動産としてとらえていく必要がある。空家対策については、かつて、マスグレイブが述べた「外部不経済」対策としての政府の役割に加え、「消費者保護」としての政府の役割、民業圧迫にならない程度の政府の介入が求められてくる。不動産情報の格差（情報の非対称性）をどう埋めるか。行政による適切な情報提供及び相談体制の構築にその解決が求められる。

(4)　ＡＩによる空家解体診断

横浜市は、空家の解体工事の一括見積もりサービスを手がける民間事業者（解体業者と施主をマッチングするウェーブサービスを行う企業）と連携して、人工知能（ＡＩ）を活用して、空家の所有者に解体費用や土地の売却価格の概算額を提供することで、空家の撤去を促し、倒壊の危険、防災上の課題をクリアしようとするものである。

京都市、相模原市の普及啓発のような空家の工作物責任を明確に示した上で、所有者が相談できる体制としても、解体額の概算を示し、解体業者とのマッチングなどにも応じることができれば、所有者の悩みを解決し、解体などの決断を後押しできるのではないかと思う。フォーカスした情報提供の実践ともいえる。

最後に

以上、空家問題について、政府・市場・地域による解決の有効性と限界という視点から論じてきた。空家対策については、安全・安心な生活空間を維持する視点から、政府、とりわけ自治体が中心に対策を講じてきた。その後、自治体では十分に対応できない点をフォローする視点から空家等特別措置法が制定され、主に危険な空家への対応を行ってきた。法制定後は、政府としての国や自治体のみならず、市場、地域社会においてさまざまな取り組みが行われていることがこの論文でも明らかになった。例えば、市場による解決では、高齢者の終活、若者のサブスク指向、アプリによるマッチングなどを反映した新たな取り組みがなされていたし、地域においては、こども食堂など地域課題とリンクした取り組み、補助金に頼らない運営費を捻出し自主的な運営を行おうとする自主組織もあった。その一方で、民間としての限界もあった。例えば、空家対策をエンディングノートと関連付ける民間事業者、葬儀屋の取り組みである。たとえエンディングノートが十分であっても、死亡事実を把握できない民間事業者には限界があった。やはり、死亡届が提出される基礎自治体とタイアップして終活事業として行うべきであろう。一方で、自治体の役割としては、住宅用地特例の厳格化、空家解体費の積み立て義務化などの制度設計や運用が検討されていた。さらに、国において空家等特別措置法は改正され、新しい「管理不全空家」という考え方、空家等活用促進区域を設定する、従来の「点」ではなく「面」として取り組みを推進しようとする姿勢がみられる。[20] そして、これまで地域社会の空家対策に積極的に関わってきたNPO法人や社団法人を管理支援法人として国が指定し、積極的にバックアップしていく姿勢がみられる。

今後の空家対策も、地域の安全・安心な暮らしを守るためにも自治体がリードしていくことになるが、自治体だけでは十分に対応できない部分もあるので、国や民間事業者（市場）、そして、地域における団体が、積極的に新たな展開（ビジネス化・継続性等）を行っていくべきであろう。そして、政府である国も自治体も、そうした民間・地域の取り組みに対して、しっかりと目を向けていくべきであろう。これからも、空家対策は、政府が中心になって行われると考えるが、政府・市場・地域がそれぞれ強みを活かしながら、それぞれに任せきりにしないで、相互に補完しあって、地域社会のために取り組んでいく必要があるのではないかと考える。

（謝辞）
今回の報告にあたり、お忙しいにもかかわらず、対面調査・電話照会に応じてくれた自治体等関係者の方々には深く感謝する。この場を借りて御礼申し上げたい。

注

（1）「令和5年住宅・土地統計調査結果」（総務省統計局）二〇二四年九月二五日（確報集計）
（2）神野（二〇〇二）一〇頁―一六頁
（3）礒崎（二〇一八）一〇〇頁―一一三頁
（4）神野（二〇〇九）六一頁
（5）佐藤（二〇一九）八九頁―九〇頁
（6）建築基準法は、特定行政庁に対して不利益処分権限を与えている。特定行政庁とは、「建築主事を置く市町村の区域については当該市町村の長をいい、その他の市町村の区域については都道府県知事をいう。（2条35号）」である。

(7)北村(二〇一八)五九頁―六〇頁
(8)北村(二〇一八)七七頁
(9)北村(二〇一八)三九頁
(10)北村(二〇二三)一五五頁
(11)北村(二〇二三)一五五頁―一六五頁
(12)京都市資料(二〇二二)
(13)京都市資料(二〇二二)
(14)野澤(二〇一八)一八九頁
(15)マッチングサイト「家いちば」https://www.ieichiba.com/　二〇二三年九月二一日閲覧
(16)鈴木(二〇一九)一七六頁―一七九頁
(17)北村喜宣(二〇二四)は、改正法案の制定過程を詳細に解説。
(18)札幌市調査(二〇二四年五月三一日)資料
(19)野澤(二〇一八)一二四頁―一二五頁、一三三頁―一三五頁
(20)岩崎(二〇一九)四四頁―五二頁

参考文献

礒崎初仁(二〇一八)『自治体法務講義(改訂版)』第一法規
岩崎忠(二〇一九)「空家特別措置法施行前後の自治体対応と今後〜空き家の「点」と「面」からの考察〜」『空き家問題の背景と対策〜未利用不動産の有効活用』高崎経済大学地域科学研究所、日本経済評論社
北村喜宣(二〇一八)『空き家問題解決のための政策法務〜法施行後の現状と対策』第一法規
北村喜宣(二〇二二)『空き家問題解決を進める政策法務〜実務課題を乗り越えるための法的論点とこれから』

第一法規
北村喜宣（二〇二四）「空家法2023年改正法案の準備、内容、そして審議」『自治総研通巻544号』（二〇二四年二月号）地方自治総会研究所
京都市資料（二〇二二）「空き家の更なる活用促進に向けた抜本的な空き家対策～持続可能な都市の構築に向けて」（二〇二二年八月三一日京都市調査の追加資料）
公益財団法人都市センター編（二〇一五）『都市自治体と空き家～課題・対策・展望』二〇一五年三月都市センター
国土交通省住宅局（二〇二三）「空家等対策の推進に関する特別措置法の一部を改正する法律（令和五年法律第50号）について／第1部・空き家対策を巡る現状・改正法の解説」資料
佐藤公俊（二〇一九）「空き家問題の一考察―政府、コミュニティの視点から―」『空き家問題の背景と対策～未利用不動産の有効活用』高崎経済大学地域科学研究所、日本経済評論社
神野直彦（二〇〇二）『人間回復の経済学』岩波書店
神野直彦（二〇〇九）『財政学（改訂版）』有斐閣
鈴木智（二〇一九）「都市のスポンジ化と空き家対策」『空き家問題の背景と対策～未利用不動産の有効活用』高崎経済大学地域科学研究所、日本経済評論社
野澤千絵（二〇一八）『老いた家、衰えぬ街』講談社

（いわさき　ただし・行政学）

Ⅲ　自治体と持続可能性

1　持続可能性の担い手としての自治体
――社会的持続性とレジリエンスの視点から――

山岸　絵美理
（大月市立大月短期大学）

一　問題の所在

今日の地域社会では、様々な主体が、それぞれの領域で、持続可能性や持続可能な発展を重視した取り組みを行うことが注目されている。持続可能な発展とは、一般的に「将来の世代が自らのニーズを充足する能力を損なうことなく、今日の世代のニーズを満たすこと」と定義されている[1]。一方、「持続可能性」という言葉は、一九八〇年以降、世界共通の概念として定着したとされ（植田二〇〇四、p.4）、それに付随する持続可能な発展については、一九九一年のＩＵＣＮ（国際自然保護連合）の文書にて、社会的、経済的、生態学的、空間的、文化的の五つの次元の持続性を考慮し、達成すべきとされている（サックス一九九一）。近年では、一七の目標と一六九のターゲットからなる「持続可能な開発目標（SDGs）」が注目されるなど、公私の領域共に、日本でも多くの機関等がその理念の達成を目指し、その実現に取り組んでいる。自治体も例外ではなく、SDGs の目標を紐づけた政策を策定するなど、国内外の SDGs のムーブメントの一端を積極的に担っているといえるだろう。

しかし、自治体の存在価値や役割に鑑みれば、そうしたムーブメントの有無に関わらず、自治体は「持続可能性」の追求を避けることはできないだろう。なぜなら、自治体空間は、現在の住民生活の営みに限定された空間ではなく、過去から文化や歴史、自然環境を継承し、またその営みによって育まれてきたコミュニティや制度を伝承し続ける空間でもある。加えて、自治体政策は、一般的に将来の自治体を見据えて策定されることから、それを実施することにより、当然、次世代の住民への負荷は、軽減されるはずである。以上のことから、持続可能性をめぐる理念と自治体政策の志向性は共鳴し、持続可能性を追求すべき責任をもつ自治体の姿がみてとれる。

その一方で、地球温暖化による異常気象、頻発する大規模災害、人口減少や高齢化のように、自治体を取り巻く環境の激変や将来への不確実性が増しているのも事実である。未知なる事象は時に、自治体にダメージやショックを与えることだろう。しかし、持続可能性を追求すべき存在としての自治体が、それら事象に対して、なすすべもなくダメージを受けたまま、自治体による地域行政において、自治的な運営が機能不全に陥るような事態は避けなければならない。さらに、自治体の持続可能性の可否が自治体規模の大小によって、左右されることもあってはならないだろう。自治体、とくに基礎的自治体は、住民の生活を支える最も身近な地域行政の担い手であるのであれば、その規模の大小に関わらず、環境変化や危機および、そのダメージにも対峙すべく、その能力を発揮しければならない。つまり、いかなるときも自治を基盤とした持続可能な自治体運営が自治体には求められることを忘れてはならないだろう。

二　本論文の視座

1　社会的持続性について

本論文では、地域の持続可能性に貢献しうる自治体のあり方を考えるうえで、次の二つの概念を用いて考察を行う。住民にとっての安心安全な生活が営まれるための持続可能な自治体運営は、地方自治の理念に基づいて民主的に行われなければならないことは言うまでもない。そこで、一つめに、社会的持続性について、二つめに、レジリエンスについて着目していく。

はじめに、社会的持続性について概観していきたい。持続可能な発展は、前述した五つの次元を考慮して行うことが一般的だが、持続可能性の理念を支えるものとしてあげられるのが、「環境的持続性」、「経済的持続性」、「社会的持続性」である。この三つの持続性はボトムラインに位置づけられ、多くの国際機関や政府機関によって注目されてきた。持続可能性そのものが、エコロジカルな環境的持続可能性を基軸に置く概念であることから、環境的な持続可能性が前提にされなければならないのはもちろんであるが、三つのボトムラインのバランスも追求されなければならず、当然ながら、経済、社会的持続可能性も併せて達成されなければならないとされる（植田 二〇〇四、p.1）。しかし、環境、経済の二つの持続性のトレード・オフは注目されるものの、社会的持続性の位置づけについては、両者の持続性と比較して、付随的な存在として検討されてきた傾向があるという指摘もある（的場 二〇一二、p.22）。一方、社会的持続性の定義についても、一九九一年のＩＵＣＮの文書にて、資産や所得などの分配の公平性として定義されて以降、学際的な定義の開発が活発に行われず、二〇〇〇年以降、欧米の研究者によって、その議論が活性化したものの、統一した定義を導き出すことが困難な概念とされている（的場二〇一二、p.24)。

確かに、人間の経済活動に起因する環境と経済の相関的な問題は、地球環境の悪化、貧富の差、食糧危機などの問題として表われる。しかし、それらは環境や経済資源の分配といった公平性の問題でもある。なぜなら、資源の配分の公平性は、多様なアクター間の自由や平等の達成に加えて、アクター間での議論といったプロセスなしでは成立しないからである。そうであるならば、それは、自由や平等、熟議といった民主主義を含意する社会的持続性の領域の問題となることから、社会的持続性の存在も重要であることが示唆されるのである。

以上の議論をふまえ、地域レベルに目を向けてみよう。地域経済の発展はもちろんのこと自治体空間の健全な自然環境および社会環境の達成のためには、地域に存在する多様なアクターによる民主的なプロセスが不可欠である。よって、地域レベルでの持続可能性の追求もまた、経済、環境的持続性と同レベルに社会的持続性が位置づけられなければならない。そして社会的持続性が、民主主義やそれに基づく自治的な決定を根底に発揮されるべきものであることから、地方自治の理念とも重なるといえるだろう。以上のことから、社会的持続性と地方自治の接近に鑑み、社会的持続性の担い手としての自治体に着目することに意義があると考える(2)。

社会的持続性の統一的な定義の確立が困難な状態であることは前述したとおりであるが、ここでは、いくつかの先行研究から、自治体が社会的持続性の担い手となり得る可能性やその意義を遡ってみたい。

マンジーらは、三つのボトムラインの関係性から社会的持続性を構成する諸概念を抽出した。環境・経済の間を介在する概念に、参加、正義、民主主義、社会的団結があり、これら政治的概念を社会的持続性のなかに取り入れ、経済、環境を構成する諸概念と同列に扱うべきことを提起した（Manzi, et al 2010, pp.4–5）。くわえて、ディラードらは、社会的持続性の諸要素の一つに「説明責任」をあげ、政府や組織、市民に対して、経済的、環境的な影響をうけるステークホルダーである個人や組織への説明責任の義務を課すことで、社会的持続性の達成を図ることを強調した（Dillard, et al 2009, p.1）。

また、社会的持続可能なシステムを満たす条件について、ディラードは（富や資源の）分配や機会の公平性、十分な社会的サービス（ヘルスケア、教育、ジェンダー平等、政治的アカウンタビリティ、参加）の供給をあげる（同上、p.3）。これらは現代の民主主義体制下での福祉国家における自治体の役割と重なる。

次にマッケンジーは、社会的持続性を、「コミュニティ内で生活の質を高める状態であること、また、そうした状態を達成できるようなコミュニティでのプロセス」であるとし、その状態を示す諸条件や指標を以下のように示した（McKenzie 2004, pp.12–13）。

（i）基本的なサービス（ヘルスケア、教育、交通手段、住居とレクリエーション）のアクセスへの公平性
（ii）将来の世代が現在の世代の行為によって不利を被らないような、世代間の公平性
（iii）文化交流のシステム
（iv）次世代への社会的持続性の伝達のシステム
（v）選挙以外での、特にローカルレベルでの政治的活動のなかでの包括的な人々の政治的参加
（vi）次の世代に社会的持続性の意識を伝達するシステム
（vii）その伝達のシステムを維持するためのコミュニティの責任感

（ⅷ）コミュニティの強みとニーズを特定するコミュニティの仕組み
（ⅸ）コミュニティ活動を通してできる限り、特有のニーズを満たすようなコミュニティの仕組み
（ⅹ）コミュニティ活動で満たされないニーズを満たすための政治的アドボカシー（擁護）の仕組み

マッケンジーが意図するコミュニティの範囲について議論の余地があるものの、これら諸条件は自治体が目指すべき機能と重なることがみてとれる。

以上、社会的持続性をめぐる議論を概観してきたが、そこからわかることは、現代の日本の自治体運営において重視される基本的な原理との類似である。地域における公正さや透明性、公平な基本的なサービスの提供の重視は、民主主義にもとづいて運営される現代の自治体行政の原則である。また、地域レベルのコミュニティの尊重やコミュニティにおける多様な主体の参加によって行われる民主的な決定は、地域ガバナンスの重要性を意味し、人々がコミュニティ活動を通して、自らのコミュニティのあり様を決定していくことは、住民参加の基本である。

すなわち、地域における社会的持続性の展開とは、より良い現代の自治体の運営に寄与するものであるといえる。(3) 一方、自治体がそうした自治体運営の必要性を認識し、その追求が試みられているのかについては、各自治体の自治的な能力にも依拠されるところであり、課題も残る。

2　レジリエンスについて

自治体の持続可能性の追求とは、自治体がいかなる事態に対峙しても自治体として存続することである。そこで、本論で注目するもう一つの視点として、「レジリエンス」について考えていきたい。大規模地震をはじめとした激甚災害や感染症拡大といった不確実な事象の発生は、今後も確実に予測さ

れ、自治体に深刻なダメージを与えるだろう。もちろん、不確実な事象から受ける自治体へのダメージやショックとは自然現象よってのみもたらされるのではなく、人間の様々な行為によってももたらされる。しかし、持続可能な地域づくりをめざす自治体は、いかなるショックがもたらされようとも、再起不能に陥るのではなく、立ち直り、適応・回復する力が要求される。この力こそが「レジリエンス」である。

レジリエンスは持続可能な発展の概念と共通した特徴をもつとされ、公共政策分野では新しいコンセプトとして、持続可能な発展とともに着目されている（的場ら 二〇一七、p.239）。そこで、自治体の持続性可能性の強化に何らかの示唆を与えるものとして、これを考えてみたい。

レジリエンスの定義について的場からの整理をもとにみていこう。[4] レジリエンスは、近年の注目から、広範な学際性をもち、「ショックを受けても弾力的に回復する能力」と一般的に定義されている（マーカス 二〇二二、p.36）。また、ゾッリとヒーリーは、レジリエンスを「システム、企業、個人が極度の状況変化に直面したとき、基本的な目的と健全性を維持する能力」とし、レジリエンスを発揮すべき主体を明らかにしている。また、「レジリエンス」という用語が使用される領域については、土木工学、生態学、またビジネスなど様々な分野で使用されるなどしており（ゾッリ／ヒーリー 二〇一三、pp.9–10）、近年、日本の省庁の白書でも多用されている。例えば、感染症や自然災害といった不確実な出来事に社会が対峙した場合も、生活や経済への影響を最小限に食い止めつつ「社会としての機能を維持・継続できる強靱性（レジリエンス）の確保」の必要性が提起されている。[5] 以上の動向からも、自治体もレジリエンスを発揮する主体としての可能性が示唆される。さらにこうした定義を発展させたものとして、カッターらは「コミュニティ・レジリエンス」という用語によって、「災害やさまざまな脅威への適応力と回復力とともに、それらの経験から学び、社会システムや個人・組織の考え方・あり方をより良いかたちに再構築させる能力」の必要性を提示する（的場他二〇一七、p.240：Wilson, Geoff, A., 2012）。外的ショックから回復することに加えて、ショック以前よりさらに良い状態を目指すことが強調されている点も重要であろう。一方、「レジリエンス」への注目の高まりの背景にも着目したい。その背景には、グローバルな気候変動、世界的なパンデミック、戦争、技術変化に伴うリスクの高まりがあることから（マーカス二〇二二）、システムや個人、組織等が回復不能な状態に至らないよう抵抗力を強化し、状況の変化に適応しつつ、自己の目的を達成する能力を身につけることの重要性が高まっていることが指摘されている（的場他二〇一七、p.242）。

次に、レジリエンスを効果的に発揮するための主体に着目した議論について、櫻井美穂子の議論が参考になる。櫻井は、レジリエンスを個人、コミュニティ、組織、ビジネス、そして社会システムが社会課題に適応しながら、持続的に成長していく能力であるとする。加えて、社会のあらゆる主体が、未来とは想定外であること、さらに現在の社会課題が相互に依存しているという視点を持つことを求め、様々な主体による協働体制のもとで、システムそのものを再構築し、システムの持続性を図るべきであると指摘する（櫻井二〇二一、p.20）。この指摘からは、レジリエンスの発揮とは、単独ではなく複数の主体によって達成されることが示唆され、これはガバナンス論に通底するものである。

一方、レジリエンスの発揮とコミュニティの規模について着目した議論も参考にしたい。小規模なコミュニティの優位性を説くものとして、香坂玲は、有事では、金銭をはじめとした物的、経済的な資本よりも、小規模なコミュニティがもつリーダーシップ、地域の人々のネットワーク、政治的資本が重要であると指摘する[6]（香坂二〇一二、p.19）。さらに、的場らはレジリエンスの強化のために組織の構成員の「インフォーマル」な関係の重要性に着目した。フォーマルな組織や仕組みと共に、「日常の生活の中で自然と構築された人間関係や組織、地域社会に根差した習慣など、インフォーマルな状態で発達してきたしくみやネットワーク」の重要性を指摘する。これは小規模なコミュニティこそ発揮される特性であろう。最後に、「協調性をもつ『自立・独立』した構成員によって地域社会で培われた『習慣』や『ネットワーク』が、地域の運営システムの「継続性」やショックへの「適応性」を増大させる」という指摘からは（的場ら二〇一七、p.242）、地域レベルでのコミュニティの存在がレジリエンスの強化につながることが示唆されるのである。

以上の議論から、変化する現代社会において様々な主体に対して、レジリエンス概念に基づくシステムの導入や強化の要請がなされ、地域レベルでも、予測不能なリスクに備え、レジリエンスの向上を試みる主体の一つとして自治体の存在が浮上する。レジリエンスをめぐる議論からは、地域住民や地域のために、自ら危機に備えるシステムを構築する主体としての自治体の要請と共に、レジリエンス概念が地方自治の理念と共鳴し、自治体の持続可能性に寄与することが示唆されるのである。

そこで、本論文では、放射性物質含有廃棄物を含む一般廃棄物・産業廃棄物最終処分場（以下、処分場）の建設問題に直面した長野県宮田村の事例を取り上げ、考察する。(7) 宮田村にとってのこうした処分場の建設は、国基準等では微量ではあるとされるものの、村内への放射性物質受け入れ、環境上の懸念を抱える村というスティグマ（烙印）が与えられ、さらには、宮田村の将来を担う次世代にも様々な制約を負わせることを意味する。よって、処分場建設の問題は、現在の住民への影響のみならず、将来にわたる村の持続可能性を危ぶむ事態として受け止められた。本論文では、処分場施設という外的ショックを受け止めつつも、住民の反対運動のみに収れんせずに、住民をはじめとした多様な主体による自治的な活動によって、宮田村が持続可能な自治体運営を追求する過程を社会的持続性およびレジリエンスの観点から観察していくことを目的とする。

一方、「平成の大合併」の際に合併推進の論理として用いられたのが、人口規模が大きいほど、自治体行政の能力が高いとする、効率重視の自治体規模論である。こうした自治体の規模論は、端的に言えば、小規模自治体では、当時予測された自治体をめぐる環境変化に対応できず、将来的には行政運営が立ち行かなくなるというものであった。本論文では、そうした規模論に対して、小規模自治体である宮田村を研究対象とすることで、小規模自治体の取り組みを積極的に評価することを試み、あらためて、自治体の規模論に対抗する問題提起も同時に行うこととする。[8]

三　宮田村による持続可能なまちづくり

1　宮田村の自治の系譜

長野県の南信地域に所在する宮田村は、長野県上伊那郡の中央部に位置する人口八、七六三人の自治体である（二〇二四年四月現在）[9]。東西一一キロメートル、南北三・八キロメートルに広がり、大田切川左岸の扇状地である平野部と、中央アルプスの駒ケ岳に至るまでの深い山地から形成されている。戦後、一九五四年に町制施行後、同年赤穂町、中沢村、伊那村と合併し、駒ケ根市宮田になったものの、一九五六年に、分市して再び宮田村となった経緯がある。「平成の大合併」期では、村として自立することを選択し、現在に至っている[10]。総面積の約八割が山林・原野であり、宅地はわずか四・七％である。豊かな自然に恵まれている一方で、市街地を中心とした住宅地はほぼ半径二キロメートル内に収まっている。以上の自然環境や歴史は住民同士のつながりを強化し、顔の見えるコンパクトな村として自治が発展してきたのであった。以下、宮田村特有の自治を育んできた軌跡を概観していきたい。

(1)「宮田村むらづくり基本条例」からみる宮田村の自治

先に述べてきたように、「平成の大合併」に際して、自治体の規模論が展開されてきた。とくに、小規模自治体は合併推進の対象となり、宮田村は、実際に過去にも合併を経験し、また分離するといった経緯をもつ。その意味でも、「平成の大合併」に際して、合併の是非をめぐって、多くの議論が巻き起こり、論争となったことは想像に難くない。ここでは、その経緯を詳述する紙幅はないが、多くの小規模町村が合併を余儀なくされる状況のなか、前述の様に宮田村は合併を選択しない「自立」を決めた。以上の自治体としての歩みを進めてきた宮田村の自治を具現化した政策が、二〇一五年一二月制定された「宮田村むらづくり基本条例」（以下、基本条例）である。本条例は、そうした「自立」を選択した村にとって、今後のまちづくりを方向付ける重要な意味を持っている。

宮田村むらづくり基本条例は、いわゆる「自治基本条例」である。[11] 前文には、将来にわたり、「世代を超えて誰もが住みたい、住み続けたいと思える自律の宮田村を将来に引き継いでいく」という持続可能性の理念に該当する文言も含まれている。以上の特色をもつ基本条例の制定プロセスを簡単に概観する。二〇一四年七月に第一回「宮田村むらづくり基本条例策定委員会」[12] の開催により、策定がスタートした。策定委員会では、各部会に分かれてのワークショップ、委員会での協議の開催のほか、地区説明会、住民説明会、パブリックコメントの実施を経て、二〇一六年一月に条例が施行された。この基本条例には、宮田村特有の自治の系譜が見て取れることから、まずはそれを確認しよう。

（ア）「うちの子、よその子、みやだの子」

前文に掲げられ、条例制定以前より、村民によって、受け継がれているフレーズとなる。コンパクトな村という特色を生かし、子育てを地域で共に取り組んできた経緯、また今後もこうした子育てのあり方を継続していく決意が含意されている。

（イ）「一村一校」

第27条（地域特性を活かした子育て）の逐条解説内にて用いられている用語である。本用語も同様にコンパクトな地域特性を生かした子育て、教育を実施してきた経緯を表す用語である。村内には、各一校だけの小中学校が存続してきたことで、小中学校が密接に連携し、特色ある教育を行ってきた。条文には、今後もこうした教育を継続し、村民・議会・行政がともに、推進することが謳われている。全ての子供が同じ小中学校に在籍することから、小中学校の期間を通して、子育て家庭を中心に人々のつながりが再生産される構造が見て取れる。

⑵「宮田方式」による農業政策

一九八一年に発足した一村一農場を目指す宮田村独自の農業システムが「宮田方式」である。[13] 一九七〇年代以降の水田利用再編対策による大幅な転作強化を背景に、村内の農地荒廃を防ぎ、農地を守るために開発された農業方式である。「土地は自分のものだが、土はみんなで生かして使う」（農地の所有と利用の分離）の理念のもと、村内の全農家（農地所有者）が参画し、一村一農場が目指された。当初の特徴は、①地代制度、②「機械の共同利用」、③集団耕作組合、④農地利用委員会の設立であったが、その後、多少の変化を経て、現在も基本的な理念は維持され、運営されている。個々の農家による管理運営が一般的であるなか、宮田村では、村民が土地、資金を出し合うことで、農業分野のコミュニティの運営に活力を与えている。村内の耕作放棄地の減少は緩やかであり、持続可能な農業の実現を可能にしている。またその効果として、参加する村民同士の信頼感や安心感といったコミュニティの醸成にも寄

与していると考えられる。(14)

2　処分場建設問題の経緯

このように独自の自治を醸成してきた宮田村であったが、村の持続性を揺るがすこととなったのが、一般廃棄物および産業廃棄物最終処分場の建設問題である。処分場の建設の発端は、事業者が、村内の大久保地区の工場跡地に建設計画用地の一部を取得したことにはじまる。以下、建設に対する主な村の動向を時系列で概観する。

⑴建設計画の開始（二〇一五年四月～七月）

二〇一五年四月三〇日に、事業者が、村内の大久保地区(15)の工場跡地に建設計画用地の一部を取得した。同地区はただちに、反対表明し、村に協力要請を行う。また、大久保地区公害対策委員会を開催、区公害対策特別委員会を設置し、村議会・区長会・近隣地区、さらには隣市の駒ケ根市側の地区へも協力体制の働きかけを開始した。同年六月には、事業者が村に事業計画の概要説明を行い、これらを受けて、同月二九日に村行政は村議会へ事業計画の報告を行うものの、七月一七日に業者は建設用地を全取得した。事業者による計画詳細は【表1】のとおりである。

⑵多様な主体の活動（二〇一五年八月～一二月）

これら事業者の動きを受け、村内の多様な主体による建設反対の意思表明がなされ、その後、建設反対運動の中心的な役割を担うことになる新たな村民組織が発足する。八月末、大久保地区が、区民の署名を添え、村長・議会議長あてに要請書を提出するとともに、同日に村組織設立発起人会が開催される

【表1】事業者の事業報告書の主な内容

○最終処分場建設予定地 面積　約1.12ha　(東西122〜133m、南北88m) ○一般廃棄物および産業廃棄物最終処分場 ・一般廃棄物については、国の定める埋め立て基準値以下の放射性物質含有の焼却灰・飛灰・汚泥を含む ○処理能力 ・埋め立て面積　　8,160㎡ ・埋め立て容積　122,400㎥ ・約10メートルを掘り下げ、地上5メートルの擁壁設置 ○最終処分場稼働予定期日 ・平成30年度着工、32年中稼働

(宮田村みらい創造課提供資料より、筆者作成)

(議会四名、区長会四名、大久保区副区長一名)。その後、専門家の助言を受けながら、数回にわたる勉強会が開催され、九月に「宮田の環境を守る会」(以下、守る会)が設立される。この守る会が中心的な役割を担うことになる。一方、村議会は「住民の平穏で安心な生活環境と水資源を守る宣言」の採択を行った。一一月以降は、多様な主体の動きが活発化する。守る会が、長野県上伊那地方事務所長、県知事に署名および要望書を提出したことを皮切りに、商工会議所が建設阻止要望書、農業委員会が処分場建設反対決議書を提出する。さらに守る会は、協力要請を周辺市町村、JA組合長、地元選出の県会議員をはじめ各種団体に行う。宮田村でのこうした活動は隣市の駒ケ根市にも波及し、「駒ケ根水と命を守る会」が設立される。

(3)行政の法的、政策的対応(二〇一五年一一月〜二〇一九年)

宮田村では、これまでの建設の反対の意思表明から事業者による建設計画に対し、自治体として条例による規制や新たな条例の制定を行っていく。詳細はのちに述べる。

(4)民事調停から基本合意へ(二〇二〇年六月〜二〇二〇年末)

二〇二〇年六月の臨時議会にて、民事調停の申し立てが議決される。二〇二一年八月三日に村が計画地の買取を求めたものの、具体的な買い取り価格を示すことができなかったことで民事調停不成立となった。その後、新型コロナ感染症拡大もあり、村としても感染症拡大に係る業務に集中せざるを得ない状況が続くことになった。しかし、粘り強い交渉を経て、二〇二三年一二月末に、事業者による処分場事業撤退の決定がなされ、それに伴う建設予定地の村への売却が基本合意されることとなった(16)。

3　処分場建設に対する宮田村の対応について

処分場の建設問題は、微量ながらも、放射性物質含有廃棄物が村内に持ち込まれることを意味することから、宮田村の持続可能性について、いかなる影響が想定されたのか。以下の二点であると考えられる。(ア)自然環境・生活環境への悪影響、(イ)宮田村をはじめとした天竜川流域の社会的評価の低下(産業、観光、定住促進など)である(17)。こうした事態に対し、自治体としての村および「守る会」は、それぞれの特性を生かし、特に建設予定地の適正さの是非を問うことで、村の持続可能性の危機に対応していくことになった。詳細をみていく。

(1)政策法務の強化

村は、二〇一五年四月の業者による用地取得以降、二〇二〇年までの間に、処分場建設に対して、一つの条例を改正し(「環境保全条例」)、五つの条例を新たに制定した(「地下水保全条例、宮田村むらづくり基本条例、公民学政策連携会議設置条例、宮田村景観条例、大規模水害における環境汚染の防止に関する条例」)。これら条例制定に共通する目的は、主に処分場の建設地としての土地の適正さを問うことである。特に処分場による自然環境への影響に鑑み、水資源である河川、地下水への影響、災害時に予測される河川の氾濫、氾濫による放射性物質の流出、汚染、それによる他自治体への影響に着眼し、政策的に対応した。くわえて豊かな自然環境の保護の観点から、事業者に対する村長による権限強化や罰則規定の追加などを図り、対応した。以下、環境関連以外の次の二つの条例に焦点を当て、その様相を確認していく。

（ⅰ）「宮田村むらづくり基本条例」の制定

二〇一五年一二月に制定された「宮田村むらづくり基本条例」の策定過程期間は、建設問題発生の時期と重複していることから、本条例制定にもその影響が色濃く反映されている。一つに、宮田村の持続可能性が強く意識された条文が規定されたことは前述したとおりである。二つに、村内で営利活動を行う事業者の責務を規定し、宮田村の自然環境を守り、次世代に引き継ぐために、事業者に自然環境への配慮を要求し、地域社会との調和を図ることを求めている（第7条）[18]。三つに、村の自然と共生していくことを目的に、村民、議会、行政が、次世代のための宮田村の豊かな自然環境を守っていくこと、自然環境の保全との調和を図りながら、それらを地域の資源として有効に利用していくことが規定された（第31条）[19]。最後に、村政における多機関との連携を試みるものとして、大学等との連携及び交流の推進を規定し、地域の課題解決のために、大学をはじめとする専門の研究機関の知見をむらづくりに活用することを規定した（第35条）[20]。

（ⅱ）「宮田村公民学政策連携会議設置条例」の制定

二〇一六年六月に制定された「宮田村公民学政策連携会議設置条例」は基本条例で規定された政策法務の機能（第35条）のさらなる強化を目的とした公民学政策連携会議の設置について定めたものである。この会議の役割は、村の重要施策に関する事項について、村長の諮問に応じ、調査審議し、さらに必要に応じて建議、政策を提言することができることとされた。条例制定後、二〇一六年度内に二回開催され、村政における重要政策として、処分場問題に対して、専門的見地から専門部会を設置し、速やかに対応審議することを提言が行われた。その答申を踏まえ、その後、大学研究者等による専門部会が設置、開催され、条例制定を含め、あらゆる面から検討を行っていくことが確認された。

(2)「宮田の環境を守る会」の設立

二〇一五年九月一五日、宮田村内の各種団体や住民らによる、「宮田の環境を守る会」[21]が設立され、中心的な役割を担うこととなった。当初の二七団体（議会・区長会・農業会・教育関係ほか）から、二〇二二年九月には、三〇団体一個人、六三名の構成となった[22]。村内で多岐にわたって活動する様々な団体が加入し、村議会の全議員をはじめ、区長会、ＰＴＡ、営農組合など多様な団体も加入している。会の事務局的役割は行政が担い、会長は村議会議員が務め、主な要職は村議会議員と大久保区長等が務めている。会の目的は、「宮田村の長い年月をかけて継承してきたかけがえのない環境及び景観を保護し、この豊かな自然環境と水資源を損なうことなく将来へ継承すること」、また「宮田村の豊かな自然環境と水資源は、住民の平穏で安心な生活環境を支えるだけではなく、農作物に代表する産業製品の価値、観光産業を支える重要な資源として、宮田村のイメージとも密接に関わっており、この環境を脅かす怖れのある「放射性物質を含む廃棄物最終処分場」設置に反対する住民意識高揚と、建設阻止に向けて取り組むこと」である[23]。

具体的な活動内容としては、署名活動、専門家との学習会、各種機関や団体への陳情活動、そして事業者への話し合いの要請を中心とした事業者への説明責任の要求である。また、ホームページ作成、署名活動により、内外に活動内容の発信を行っている。また、注目すべき活動として、建設予定地である大久保地区周辺にて継続的に実施されている環境調査がある。住民であるメンバー自らが、専門家の指導を仰ぎ、専門性の高い科学的調査方法を習得し、住民の輪番制調査を行っている[24]。その調査内容につ

表2　宮田の環境を守る会による環境調査について

	水の調査	大気の調査
開始時期	2017.12	2020.1
主な調査内容	○井戸（地下水）の推移と水質測定 ○天竜川、太田切川での推移と水質調査	
調査の取り組み	・毎月2回の実施 ・当番制 ・測定箇所については、今後村内全域へ	
測定結果の分析・発信	・調査結果の分析については専門家の指導を仰ぎ、住民が参画して行う ・調査・分析の成果は住民、天竜川流域の住民に周知する	

（出所）『宮田の環境を守る会　私たちの取り組み』（宮田村みらい創造課提供）をもとに筆者作成。

いては【表2】のとおりである。

4　宮田村の対応の意義―社会的持続性とレジリエンスの視点から―

処分場建設に対峙する宮田村の主な対応について社会的持続性およびレジリエンスの観点からまとめてみたい。

①社会的持続性にもとづく対応

自治体の責務とは住民が安心安全な居住する環境空間の構築を目指すことにある。しかし、そうした空間が脅かされつつある事象が発生した際、まず住民の意思表示の一つの形として「反対運動」が展開されよう。もちろん、こうした手法の効果は発揮されるべきであり、否定されるべきものではない。しかし、宮田村ではきっかけは住民らの「反対運動」であったものの、やがて、住民、議会、行政の三者が協働体制と言うべき関係を構築したことに特徴がある。

宮田村長は、宮田村を代表する首長として、「村は宮田村の住民の生命身体の安全を守り、宮田村および下流域の自然環境を守る自治体としての使命がある」とし、住民の運動について、「熱い反対運動を重く受け止め、あくまで政治家として政治的判断で、断固建設反対を発信し続けてまいりました」と述べている（宮田村長・小田切康彦「声明文」二〇二四年一月)。行政の長として、「反対」の立場で行政運営をすることを宣言すると共に、住民の運動との連携を模索した。また、宮田村議会は、二〇一五年九月定例会にて、「住民の平穏で安心な生活と環境と水資源を守る宣言」を採択した。住民が「宮田の環境を守る会」を結成して運動を展開したことは前述の通りである。以上の動きは、隣接する駒ケ根市にも波及し、さらには、天竜川下流域の自治体や住民にも拡大し、一〇万人以上の反対署名を集めることに繋がった。

住民、議会、行政の三者が、宮田村のアイデンティティである豊かな自然環境の保持、次世代への継承を目的に村の持続可能性の重要性を共有することで、社会的持続性の基盤となる多様な主体の団結に成功した。また、長年にわたる村の伝統として育まれてきた住民による地域コミュニティや村民が形成する多様な組織が連携、参加したことが、活動の支柱となる守る会の設立に寄与したのであった。建設問題の影響が住民の生活環境、自然環境、経済活動など多岐にわたることに鑑みれば、日ごろから多様な目的をもって活動する多様な主体がその専門性や強みを発揮しながら連携した点は、社会的持続性の強化に繋がったといえよう。

また、守る会、議会、行政が一体となり、事業者に対する説明責任を繰り返し要求した点は、これは事業者の社会的責任、公正さを内外に問うことを意味する。くわえて、事業者への公正さの問いかけが、議会や行政による条例の改正、制定といった自治体の自治能力とも言うべき政策法務によって実現された点も特筆すべき点である。特に、建設反対という村全体の意思を条例により具現化したことは、村議会が、立法機関として当然の機能を発揮したのみならず、住民代表機関として、民主的統制の役割を果たしたことをも含意し、民主主義にもとづく公正なプロセスがはかられたといえるだろう。こうした動態は小規模自治体であるがゆえの、課題共有や意思統一のしやすさ、そして、小規模なコミュニティを基盤としたコンパクトな自治体構造によって、支えられてきたこともその一因である。宮田村が、自治体としての自治的な取り組みのなかに、社会的持続性の諸要素を組み入れ、村の持続可能性に貢献したといえよう。

②レジリエンスの強化

一方、レジリエンスの観点からは、自治体としての宮田村、守る会のそれぞれのシステムの機能強化と連携がなされたことがみてとれる。村は、処分場の建設という外的ショックに対して、そのショックをただ受け入れるのではなく、住民の健全な生活の維持・継続のために、条例制定や改正という手段を繰り返すことによって、対抗したことは前述したとおりである。つまり、複数の条例の制定や改正によって、政策法務能力を発揮したことで、自治体としての能力の向上を達成し、レジリエンスを強化した動態が見て取れる[25]。ここでもまた、小規模なコミュニティの優位性が条例制定という立法機能で発揮されたともいえるだろう。

次に、住民らによる、守る会の設立があげられよう。当会は、村内に存在する多様な住民組織が加入しており、ローカルレベルの参加によって、複数の主体の協働体制が構築され、各々が特徴を生かして役割を担うことで、組織強化につなげた[26]。これら複数の主体による参加は、宮田村の自治的な慣習や「インフォーマル」なネットワークに起因し、「コンパクト」なまちづくりを実現してきた宮田村の特性が可能とした。さらに守る会のシステムにも着目すると、守る会の当初の目的は、建設の反対運動であった。しかし、活動過程のなかで、情報発信や署名活動など内外に向けた問題発信を継続しながら、活動の内容を広げ、村外の人々への問題の周知や理解促進をはかった。やがて、その内容は、メンバーによる建設予定地周辺の環境調査の技術習得など、科学的根拠を自ら提示するという新たな会の機能を付加させ、会のレジリエンスの強化がなされたといえる。

四　むすびにかえて—宮田村が示す小規模自治体の可能性—

本研究では、今後の持続可能な自治体運営の可能性を社会的持続性とレジリエンスをキーワードとしながら、宮田村の事例をとりあげて、検討を進めてきた。そこには、小規模自治体が取り組むべきさまざまな実験が積み重ねられてきた動態がみてとれるのである。

なお、本研究が放射性廃棄物を扱う処理場を事例として取り上げたことから、いわゆる「NIMBY」問題とも無関係ともいえないだろう。特に、核廃棄物の処分問題は、原子力政策をめぐり、国の意向が強く反映される領域でもある。国からの補助金交付といった自治体財政にも影響を及ぼすことから、財政的な問題を抱える小規模自治体では、行政にとっても住民にとっても極めて悩ましい問題である。地域内でのドラスティックな意見対立、分断が生み出されるこれら原子力廃棄物をめぐる国—地方の問題点については他の研究に譲るとしても、自治体の持続可能性と「NIMBY」問題の関係については今後検討していくこととしたい。

一方、本研究では、自治体自ら解決をはかる自治の根本的な意義に着目し、地方自治の実践の場としての自治体、とりわけ住民に最も近い地方政府としての市町村の存在を強調した。昨今の自治体をとりまく不確実性の高まりや環境変化によって、未知なる問題、課題解決に自治体が直面することが増えることが予測される中、社会的持続性やレジリエンス概念を取り入れ、自ら解決する自治体運営のあり方を提示した。特に、小規模自治体である宮田村の事例は、小規模自治体の強みを生かした取り組みであったが、こうした自治体システムの構築は、自治体規模によって、その可否が左右されるものではなく、持続可能なまちづくりを運営していくという自治体本来の自治によって展開されなければならない。宮田村の事例は、あらためて自治体の自己決定、自己責任が可能になる自治のあり方、まちづくりを考える契機になるのであろう。宮田村の処分場問題については、一応、村と業者の間で決着がついたものの、社会的持続性によって裏付けられ、地域社会に与えられた困難に対するレジリエンスの向上に貢献した処分場建設問題に対する村行政・議会、そして住民の経験が、今後の村の運営に生かされることが望まれる。

また、今日、地域の持続可能性という言葉が、「地方創生」政策等の側面から声高に叫ばれているものの、国―地方の垂直的関係を前提にした構造も垣間見える。その点、宮田村の持続可能性の事例はそれとは異なることは言うまでもない。

最後に持続可能性の担い手としての「住民」について着目したい。宮田村の事例では、地域社会に社会的持続可能性とレジリエンスを実現する担い手としての「住民」の存在がみてとれた。一方、昨今の自治体をめぐる課題に人口減少問題があげられる。そうした中で、移住政策など自治体では、様々な人口増加政策が試みられていることは周知のとおりである。しかし、人口の増減の議論に終始するのではなく、自治体には、移住者をはじめ持続可能性を担う住民の創出、養成こそが求められる。特に、自治体の意思決定の領域で、いまだジェンダーギャップをはじめとした多様な主体による参加の課題を抱えている（山岸 二〇二二）。意思決定の場は、多くの住民が意思決定の実践プロセスを学ぶ「教育的機会」をもつのであり、多様な住民の参加がなされなければ、そうした担い手は育たないばかりか、一部の住民の意見集約に民意が限定され続ける。よって、他の住民の不満は蓄積し、いずれは自治体のメンバーからの離脱に繋がることにもなるだろう。社会的持続性が公正な平等を含意していることからも、そうした住民参加の場が多様な住民に開かれるべきことを最後に課題として、提示したい。

謝辞

本研究にあたり、宮田村のみなさまに、実地調査・多くの資料の提供に御協力いただきました。厚く御礼申し上げます。

注

（1）一九八七年に国連「環境と開発に関する世界委員会」（ブルントラント委員会）が公表した最終報告書による定義。

（2）平岡（二〇二二）は、サスティナビリティにおける地域経営の主体としての自治体の重要性を指摘している。

（3）それらの前提として、地域社会あるいはコミュニティとは何かという課題があり、マッケンジーが想定するコミュニティがどの程度の規模を想定しているのかは明らかではないが、人々の参加と正統なプロセスによって運営される自治体の存在がひとつの鍵を握ると置きかえて、論じることができる。

（4）的場・白石・阿部（二〇一七）、pp.240–242を参照。

（5）『情報通信白書（令和三年版）』。

（6）ただし、ここでも「コミュニティ」の規模については、言及されていない。

（7）本論文で扱う宮田村の事例は、いわゆる「NIMBY」を押し付けられることが多い小規模自治体の問題にも重複するとも言える。

（8）本研究で対象とする「小規模な自治体」とは、「平成の大合併」で、行政の非効率が問題視されたような人口規模が小さい市町村を指す。人口減少が著しい日本の市町村にあっては、市であっても人口規模が縮小し、一万人に満たないものも多い。したがって、ここでは町村のみならず、市も含めた小規模自治体を対象として論じていきたい。

（9）宮田村ホームページ参照。

（10）宮田村にとっては、この配置分合をめぐる過去の経緯が重要であり、本論文で注目する小規模自治体の存在意義にも関係する歴史がある。宮田村の配置分合をめぐる詳細については、山岸（二〇一五）を参照されたい。

（11）一般的に、自治基本条例は、「まちの憲法」と評され、自治（まちづくり）を進めるにあたっての住民・議会・行政といった主体が共有すべき原則が規定されることから、「自治体の最高規範」と位置付けられることもある（高橋二〇一三など）。

（12）住民代表、関係団体、議会部会、行政部会の計二五人から構成される（むらづくり基本条例策定員会二〇一四）。

（13）宮田村役場みらい創造課提供資料。

（14）「宮田村むらづくり基本条例」第5条にてコミュニティについて規定されている。逐条解説内ではコミュニティの代表的なものとして、「行政区」をあげている。村の行政区の主な役割として、地域における村民の声を行政に伝えるなど今日においても重要な役割を持っている。

（15）宮田村役場みらい創造課からのヒアリング結果による。

（16）宮田村ホームページ「宮田村大久保地区「廃棄物最終処分場」事業の撤退と、予定地買取に係る事業者との基本合意について」、https://www.vill.miyada.nagano.jp/topics/3481（二〇二四年三月二七日閲覧）。

（17）宮田の環境を守る会「宮田の環境を守る会　わたしたちの取り組み」、P.6を参照。
近年、日本の水行政については、ガバナンスの視点が取り入れられ、多様な主体による保全管理が目指されている（帯谷二〇二一）ことからも河川管理については流域的思考が求められるのは一般的である。

(18) 宮田村むらづくり基本条例【逐条解説】、p.7。
(19) 同右、p.22。
(20) 同右、p.24。
(21) 具体的には、「守る会」を構成するのは村議会、区長会の他に、ＪＡみやた、農業委員会、各営農組合、小中学校ＰＴＡ、保育園保護者会、商工会、各種団体などである。
(22) なお、宮田村の環境を守る会ホームページによると、会員数は六五名となっている（二〇二三年五月）。
(23) 宮田村の環境を守る会ホームページを参照。
(24) 宮田村みらい創造課提供資料。
(25) 宮田村の政策法務能力の向上をめぐっては、二〇二一年八月に「宮田村マスク着用エチケット条例」制定が注目できる。新型コロナウイルス感染者に対する差別の防止を主な目的としたものであり、濃密なコミュニティが形成されている小規模自治体特有の課題に対して、条例制定という方法で、対応したものといえよう。
(26) 例えば、ＪＲ宮田駅前の反対看板のデザインは子育て世代が中心となって活動している「ママサポートの会」が行った。

参考文献

アンドリュー・ゾッリ／アン・マリー・ヒーリー（二〇一三）『レジリエンス　復活力―あらゆるシステムの破綻と回復を分けるものは何か』須川綾子訳、ダイヤモンド社。

イグナチ・サックス（一九九四）『健全な地球のために』都留重人監訳、サイマル出版会。

植田和弘（二〇〇四）「第1章　持続可能な地域社会」、植田和弘、森田朗、大西隆、神野直彦、刈谷剛彦、大沢真理（編）『講座　新しい自治体の設計3　持続可能な地域社会のデザイン』、有斐閣、pp.1-16。

小田切徳美（編）（二〇二二）『新しい地域をつくる』岩波書店。

帯谷博明（二〇二一）『水環境ガバナンスの社会学―開発・災害・市民参加―』昭和堂。

金井利之（二〇一六）「「地方創生」と小規模自治体の生きる道」『自治体学』vol.29-2、pp.2-4。

川村真理・北島勉（編）（二〇二二）『ポストコロナ社会とSDGs』弘文堂。

香坂　玲（二〇一二）『地域のレジリエンス　大災害の記憶に学ぶ』、清水弘文堂書房。

櫻井美穂子（二〇二一）『世界のSDGs都市戦略』学芸出版社。

嶋田暁文（二〇一九a）「小規模自治体と圏域行政―自治と持続可能性の観点から―」『地域開発』vol.630、pp.14-17。

嶋田暁文（二〇一九b）「小規模自治体職員の「構想力」」『月間ガバナンス』No.222、pp.32-34。

白石克孝（二〇〇八）「第2章　持続可能な社会と地域公共政策開発システム」、白石克孝、新川達郎（編）『地域公共人材叢書　第1巻　参加と協働の地域公共政策開発システム』日本評論社、pp.55-77。

髙橋秀行（二〇一三）「第6章　自治基本条例と市民参加条例」佐藤徹・髙橋秀行（編）『新説　市民参加』公人社、pp.161-201。

滝澤美佐子（二〇一八）（編）勝間靖「持続可能な開発目標（SDGs）とグローバル・ガバナンス」『持続可能な地球社会をめざして：わたしのSDGsへの取組み』国際書院、pp.63-71。

平岡和久（二〇二二）「地域とサステイナビリティ」『SDGs時代のサステイナビリティ学』法律文化社、pp.82-93。

的場信敬（二〇一二）「社会的持続性のための地域再生政策―コミュニティ・エンパワメントを志向するコミュニティーズ・ファースト事業の分析―」、『龍谷政策学論集』（龍谷大学政策学会）第2巻第1号、pp.21-33。

的場信敬・白石克孝・阿部大輔（二〇一七）「地域のレジリエンスを考える」、的場信敬・白石克孝・阿部大輔（編）『連携アプローチによるローカルガバナンス―地域レジリエンス論の構築に向けて』日本評論社、pp.238-253。

真山達志、牛山久仁彦編（二〇二二）『大都市制度の構想と課題』晃洋書房。
山岸絵美理（二〇一五）「市町村の区域再編に関する一考察—自治体区域の再編成としての「平成大合併」—」『政治学論集』第41号、pp.57-73。
山岸絵美理（二〇二二）「女性と地方自治 - 議論の整理と自治体男女共同参画政策をめぐって—」『季刊行政管理研究』no.178、pp.19-33。
Dillard, J., Dujon, V.and King, M, C., "Introduction", In Dillard, J., Dujon, V. and King, M, C. (eds.), *Understanding the Social Dimension of Sustainability*, Routledge, NewYork, 2009.
Manzi, T., Lucas, K., Lloyd-Jones, T., and Allen,J., "Understanding Social Sustainability:Key Concepts and Developments in Theory and Practice" In *Social Sustainability in Urban Areas, Earthcan*, London, 2010.
Mckenzie, S., "*Social Sustainability :Towards Some Definitions*", Hawke Research Institute Warking Paper Series, University of South Australia Magill, 2004.
Rasouli, A, H., and Kumarasuriyar, A., "The Social Dimention of Sustainability:Towards Some Definitions and Analysis, "*Journal of Social Science for Policy Implications*", Vol.4, No.2, pp.23-34, American Research Institute for Policy Development, 2016.
Wilson, Geoff, A., *Community Resilience and Environmental Transitions, Earthcan*, London, 2012.
（ウェブサイト）
伊那谷ねっと　宮田村記者会見「調停不成立」(ina-dani.net)（二〇二〇年八月六日配信）。
宮田村の環境を守る会ホームページ　https://miyadakankyo.jimdofree.com/（最終閲覧日二〇二二年一〇月九日）。
宮田村ホームページ
https://www.vill.miyada.nagano.jp/government/pages/root/profile_miyada/10908（最終閲覧日二〇二二

年一〇月二〇日)。

(資料)

内閣府地方創生推進室(二〇二二)「地方創生に向けたSDGsの推進について」https://www.chisou.go.jp/tiiki/kankyo/pdf/sasshi.pdf。

むらづくり基本条例策定員会(二〇一四)「みんなでつくろう!宮田村基本条例 No.1」。

(やまぎし　えみり・地方自治論)

2　再生可能エネルギーと地域再生
——公営電気事業に注目して——

太田隆之
（静岡大学）

はじめに

周知の通り、日本は人口減少社会に至り、特に大都市圏以外の地域では人口減少が進展する中で生じている様々な課題に対してどう取り組んでいくか、ということが主要な課題として位置づけられている。特に課題として挙げられているのは、地域で生ずる様々な課題に取り組むに際しての主体の確保であり、財源の確保である。

こうした課題を検討する際に近年ポイントの一つとして挙げられてきたのがエネルギーである。一例として、後述するように農山村地域や地方都市を対象に、これらの地域や都市にある再生可能エネルギー（再エネ）を利活用することを通じてこれに関わる事業体やコミュニティを地域で確保、確立するとともに財源を確保することで、地域を維持する上で直面する課題への取り組みや「サステナブルな地域」の実現に向けた提案がなされてきている。これらの提案に共通しているのは、そこにある再エネを利活用することで、従来地域外のエネルギーを利用することで地域から漏出していたエネルギー経費を地域内にとどめてエネルギー収支を改善し、それらを原資に地域づくりに取り組むという内容である。こうしたアイデアは、「地域循環共生圏」として環境省でも採用されるとともに、地域づくりのための具体的なツールとしても提示されている（環境省ホームページ「環境省ローカルSDGs地域循環共生圏」ならびに「環境省ローカルSDGs地域経済循環分析」）。

本稿はこれらの提案に注目して、人口減少下にある地域における再エネをベースにした地域づくりをテーマとした議論を試みる。その際、本稿では手がかりとして公営電気事業に注目したい。公営電気事業は地方公営企業においても電気事業においても規模が小さく、両者の分野ではほぼ無視されてきた。また、発電した電力を民間の電力会社に対して卸供給する電気事業者である公営電気事業は、上下水道など他の公営企業のように地域の主体に直接サービスを供給しないことから、かねてから住民から「遠い」存在であるとされ、地域における役割が課題として位置づけられ、議論されてきた（拙稿二〇二二）。そして、公営電気事業を含む地方公営企業は老朽化する社会資本を抱え、人口減少が進展することで収入が減少することが予想されるという厳しい経営状況におかれつつあり、地方公営企業そのものが今後の地域の課題の一つに位置づけられつつある。他方、こうした状況の中で「日本版シュタットベルケ」のモデルが提示されてきており、その事業主体として地方公営企業の可能性を模索する議論も提示されている。本稿は公営電気事業をめぐるこうした課題や議論も視野に入れながら、再エネと地域再生という視点から、人口減少が進展する中での今後の地域の維持や再生に向けた方策やそれらを目指す上での課題と考えられる諸点を検討したい。

一　先行研究のレビュー

人口減少が進展する中で地域が直面する課題として議論されきたることを確認する。人口減少が進展することはいずれ重大な課題をもたらすことを具体的な予測値とともにセンセーショナルに提起したのは、「地方消滅」を提起したいわゆる「増田レポート」であった（増田二〇一四）。その後、増田自身によって「強きを助け、弱きを退かせる」という徹底した「集中と選択」に基づいた取り組みが必要だという「消滅」を否定しない「創生戦略」が示された（増田・冨山二〇一五）。

増田らによる「地方消滅」論は、人口減少下における地域づくりや地域政策のあり方に関する議論を多く喚起した。増田らによる議論を批判し、彼らの議論とは異なる今後の都市・地域政策論もまた展開されたが、これらの議論の中で人口減少下にある地域の今後を考える際のポイントの一つとして挙げられてきたのは、エネルギーである。

「増田レポート」以降に展開された議論では、人口減少が進展する中で地域が直面する課題が議論された。こうした課題のうち主要課題の一つに挙げられたのが自治体財政に関する課題である。高度経済成長期に盛んに建設された上下水道や各種公共施設などの社会資本が改修・更新期を迎えており、今後莫大な経費が掛かることが予想された。他方、地方では人口減少が進展することで自治体の税収が減収していくことが予想された。地域の維持、そして発展を考える際に自治体財政は支出と収入のバランスを大きく欠くことが予想されるという深刻な課題に直面していくことになる（諸富二〇一八）。

ここでポイントの一つとして挙げられたのがエネルギーである。例えば、「地方消滅」論への反論として提示された藤山による「田園回帰一％戦略」では、「増田レポート」において「消滅可能性」が高いとされた農山村地域において、これらの地域にある再エネを利活用することで従来地域外に流出する大きな経費の一つであったエネルギー経費を地域内にとどめ、地域経済循環を実現する資金を確保することができるとされた（藤山二〇一五）。また、地方都市をめぐる議論として、諸富は戦前の公営電気事業を核とした大阪市や戦後「都市経営」に取り組んだ神戸市の事例を批判的に検討するとともに、ドイツのシュタットベルケからもヒントを得て、再エネに基づいたエネルギー事業を核としたインフラ整備を伴う公益事業を複合的に有する事業体による地域内循環を構築することで「成熟型都市経営」を図るとする提案を行い、その担い手として自治体からも出資を受けた地域新電力を「日本版シュタットベルケ」に見立てたモデルを提示した（諸富二〇一八）。藤山や諸富が提起した議論は、それぞれ議論の対象が農山村地域と地方都市であることに違いはあるものの、再エネを利活用することで財源を確保し、事業体などの主体を確保することを提案している点は共通している。彼らの議論には、増田らの「創生戦略」にはない「消滅」を回避して地域を将来にわたって存続するための具体的な方策を含めた内容があるといえるだろう。

その地域や都市にあるエネルギーを利活用することをベースとした地域の再生、維持のアイデアは、環境政策の分野で実施されてきた地域におけるエネルギー政策に関する調査から把握された結果とも親和的である。例えば、以前山下らが全国の自治体に対して行ったアンケートでは、再エネ導入の目的として地域活性化を挙げている自治体が相応にあり、自然資源が豊かな地域で再エネを活用した地域振興に期待しているという結果が得られた（石倉・山下二〇一五）。その後、各地で地域新電力が設立される中で、そうした地域新電力と連携しながら温暖化防止や脱炭素の取り組みを進めようとしたり、これらに対して出資もなされている（稲垣二〇二二など）。近年各地で認められつつあるこうした状況は、諸富が提起したモデルが地域において具体的に動きつつあるといえるであろう。

地方公営企業は地域における主要課題の一つとして挙げられた社会資本を多く抱えており、料金収入を核として独立採算制で営むことが基本とされる中で人口減少を経験し、料金収入が減っていくことが予想されており、その経営のあり方が大きな課題とされるとともに、事業継続を含めた抜本的な検討を行うことも提言されてきた（総務省二〇一七など）。諸富が整理した地域の課題は一面では地方公営企業こそが地域の主要課題になっているともいえる。こうした状況において、諸富が注目したシュタットベルケは地方公営企業の今後のモデルの一つとしても挙げられてきた。一例に、神尾は地方公営企業が社会資本の改修・更新問題に取り組んでいく際に保有する事業を複合する「地域複合経営」を一つのモデルとして提示し、そのモデルとしてシュタットベルケを挙げた（神尾二〇一六）。神尾の他にも宇野や杉山がシュタットベルケを地方公営企業の今後のモデルの一つとして検討する議論を提示している（杉山二〇一三、宇野二〇一九）。これらの議論から、シュタットベルケの担い手として地方公営企業もまたあり得るということが考えられるだろう。しかし、地方公営企業はあくまでも地方自治体の一部門であって、利潤を追求するスタンスが強くなるのであればそれは望ましいことではないという議論も提起されていることには留意が必要である（中島二〇二三）。

以上、人口減少が進展する中で生ずる地域の課題と、それに対して提示されてきた議論の内容について述べた。これらの議論では再エネがポイントの一つとされ、その地域にある再エネを利活用することで地域内経済循環を図り財源と主体を確保することで地域の維持、発展を図ろうとするアイデアが提示されてきた。その際、こうした取り組みを行う事業体のあり方の一つのモデルとしてドイツのシュタットベルケが注目されており、日本版シュタットベルケというモデルが提示されてきた。これは地域新電力を核とした取り組みが想定されているが、これに地方公営企業の今後のあり方を見出そうとする議論があることも確認しておく。

最後に直近の動向について述べたい。エネルギーをベースに地域の維持や再生を図ろうとする議論は、二〇二三年になって具体的に検討する段階に至っている。諸富らが注目してきたシュタットベルケは、二〇二三年七月に公表された国土形成計画の全国計画で今後の地域の運営を考える際の一つの事例として取り上げられている。新たに公表された国土形成計画の全国計画では、人口減少が進展する状況で地域が直面する危機に立ち向かうアイデアとして「地域生活圏」が示され、これを地域で支える主体としてローカルマネジメント法人の創出が必要だとしているが、そのモデルとしてシュタットベルケが挙げられ、日本版シュタットベルケがこうした法人の一つのあり方と述べられている（国土交通省二〇二三、三〇頁）。そして、こうした動きがある中で諸富らは日本版シュタットベルケのあり方を模索する議論を提示し、白石はシュタットベルケを研究対象として検討する上での課題や視点を整理している（諸富ほか二〇二三、白石二〇二三）。このように、日本版シュタットベルケは地域においてそのあり方を具体的に検討するまでの段階に至っているのである。

二　事例検証

1　県営電気事業の現況

本テーマに取り組んでいく上で、本稿では筆者が実施してきた県営電気事業の調査研究の成果を活用して議論を展開していく。本節では、筆者が調査してきた四県の県営電気事業の概要について述べる。これまでに筆者は岩手県、富山県、長野県、島根県の各電気事業に対して聞き取り調査を行った[1]。次節でその結果を述べるが、その前に調査を行った四県の電気事業の概要と、それぞれの地域の現況の一端として人口動向を確認する。四県の電気事業の概要と今後の人口動向を表1にまとめた。

表より、事業の開始は富山県が最も古く、他の三県の電気事業は戦後からの事業であることがわかる。保有する発電設備を見ると、各県とも水力発電を核としているが、岩手県、島根県は風力発電と太陽光発電に、富山県は太陽光発電に取り組んでいる一方で、長野県は水力発電のみ行っている。岩手県の水力発電は四県の中では最も規模が大きく、風力発電の規模も大きい。二〇二〇年度の県内の電力需要に占める割合も七・八％と相対的に高くなっている。富山県も相応の水力発電を有しており、県内電力需要に占める比率は四・〇％となっている。水力発電のみ有する長野県の県内電力需要に占める比率は二・二％、水力発電の規模はこの四県の中では最も小さいものの風力発電と太陽光発電の規模は相対的に大きい島根県のその比率は一・九％となっている。このように、利用する発電施設や発電規模は様々である。なお、表には含まれていないが、四県における営業収益中の料金収入の比率は、岩手県と

表1　四県の電気事業の概要と人口動向

	事業開始	発電設備							人口動向					
		水力発電		風力発電		太陽光発電		県内の電力需要に占める発電量（2020年度）	2022年			2040年		
		発電所数	発電規模[kW]（最大出力）	発電所数	発電規模[kW]（最大出力）	発電所数	発電規模[kW]（最大出力）		人口（人）	生産年齢人口比率（%）	高齢化率（%）	人口（人）	生産年齢人口比率（%）	高齢化率（%）
岩手県	1955年	17	147,481	2	27,280	1	1,009	7.8%	1,206,479	55.2%	33.9%	958,000	49.3%	41.2%
富山県	1953年（1920年）	20	141,600			1	4,500	4.0%	1,037,319	56.5%	32.4%	863,000	51.3%	38.8%
長野県	1958年	23	104,655					2.2%	2,056,970	56.2%	31.9%	1,705,000	49.6%	40.0%
島根県	1951年	15	27,778	1	20,700	4	6,920	1.9%	666,331	53.4%	34.4%	558,000	50.2%	38.5%

（出所）各企業局のホームページと2020年度地方公営企業年鑑ならびに2022年1月1日現在の住民基本台帳の人口データと国立人口・社会保障研究所による2018年時の人口予測より筆者作成。

富山県では九八〜九九％、長野県では九四〜九六％、島根県では九九％となっている[2]。各県の電気事業の収入は、売電収入そのものといっていい。

次に四県の人口動向をみると、二〇二二年の生産年齢人口は五五％程度であり、高齢化比率は三〇％を超えている。二〇四〇年の人口動向をみると、四県では生産年齢人口が五〇％前後の水準に減少するとともに、高齢化比率が高まっていく予想が示されている。

2 四県の電気事業による地域貢献活動

本テーマを議論するに際して、本稿では公営電気事業が直面する「地域貢献問題」への取り組みという視座から議論を展開する。ここではまず、公営電気事業の課題である「地域貢献問題」の概要を説明しよう。冒頭で触れたように、地方公営企業においても電気事業においても規模が小さく、上下水道のように地域の主体に対して直接サービスを供給せずに電力会社に対して電力の卸供給を行っている公営電気事業は、かねてから地域の主体にとって印象が薄く、あまりなじみがない状況にあった。地域の主体にとって把握しづらい電力の卸供給を通じてどのように地域に対して貢献していくかということは、公営電気事業においてかねてから課題とされてきており、これまでに様々な活動がされてきたことが報告されている（拙稿二〇二二）。

県営電気事業が取り組む地域貢献活動について、当事者は五つの活動があると紹介している。①地元の地域振興行事等への参加、協賛金の提供、②地元生活環境の整備、③施設見学会等の開催による再エネの普及啓発活動、④再エネの開発支援、⑤一般会計への操出等による都道府県財政への貢献である（公営電気事業経営者会議ホームページ「地域への貢献」）。

このうち、②と③は公営電気事業が主に水力発電を行っていることに関わる活動である。②はダム地域周辺やその上流域の水源林の整備など、森林保全・整備の経費を支出する事例が多く紹介されている。③は管理する発電所を中心とした施設見学の事例が多く紹介されている。これらの取り組みは、水力発電を中心とした県営電気事業の取り組みそのもの、もしくはかなり近いトピックである水、森、エネルギーに関わる活動であり、それらに対して支出する活動である。関連して、④は県内で再エネを導入する、もしくは導入することを検討する取り組みに対して財政的な支援や助言や専門職員の派遣などの支援をする活動例が多く紹介されている。これも県営電気事業が取り組むエネルギーに関わる活動であり、かつ県営電気事業が蓄積してきた知見を活用した活動である。

他方、①と⑤は公営電気事業の活動とは直接関わらない分野への支援である。①では地域でのイベントへの人的、財政的支援や、地域振興などの活動に対する財政的支援の事例が紹介されている。⑤は県財政への繰り出しを中心に紹介されており、②のような水源林整備の事例や③、④の再エネ関連の活動への支援など環境保全やエネルギー関連の活動もあれば、中小企業振興や口蹄疫問題への対応など、その時々に生じる課題に対する地域政策の財源として機能していることが紹介されている。

このように、公営電気事業の活動により生み出された利益は、エネルギーや森林保全といった公営電気事業に近い分野に対して支出されてきたことに加えて、県財政などに繰り出されることで、広く地域課題に対して用いられてきたことがわかる。ここでは以上の公営電気事業者自身が提示する内容を踏まえて、四県の県営電気事業の調査の結果を表2にまとめた。なお、記述に際しては調査で得た情報の他、各企業局のホームページや資料も確認していることは付記する。

まず、企業局の独自の取り組みについて述べる。この項目については、県内における環境保全や再エ

表2　四県の電気事業による地域振興の取り組み

	企業局の取り組み		一般会計など他会計への繰り出し		地域における小水力発電等の普及・拡大	県部局や電力会社との連携
	環境保全・エネルギーへの支出	地域課題への取り組み	環境保全・エネルギーへの支出	地域課題への取り組み		
岩手県	○	○（いわて復興パワーを含む）	○	○（いわて復興パワーを含む）	○	○
富山県	○	○（とやまっ子すくすく電気を含む）	○	○	○	○
長野県	○	○	○	○	○	○
島根県	○	○	○	○	○	○

（出所）各企業局への聞き取り調査ならびに経営計画・経営戦略、資料より筆者作成。

ネの普及拡大、省エネの促進といった取り組みが挙げられる。環境保全の活動としては、四県ともに上流域や山間地の森林の植樹や保全に関する活動が行われており、職員が直接取り組む活動や各県の県民が参加する活動、財政的支援などが行われている。再エネの普及拡大や省エネの促進についても、四県とも後述する地域における小水力発電等の普及拡大の活動などが行われている。

もう一つの企業局の取り組みとして地域課題への取り組みが挙げられる。これは上述した環境保全やエネルギーの分野に限定しない地域課題や地域振興に資する取り組みである。この項目には水力発電所が立地する市町村への交付金や、これらの地域における観光振興などの取り組みも含んでおり、四県ともこうした活動に取り組んでいる。中でも特徴的な活動を行っているのは岩手県と富山県である。両県とも電力会社や県行政の他部局とも連携しながら岩手県は「いわて復興パワー」、富山県は「とやまっ子すくすく電気」という取り組みを行っており、両県の水力発電所で発電した電力を売電して得た利益を用いて利用者の電気料金を下げている。(3)

興味深いのは、両者とも働き方改革や女性の活躍、少子化対策といった地域が直面する課題を視野に入れた取り組みになっていることである。岩手県の取り組みでは県の総合計画で掲げる働き方改革や女性の活躍といった目標に資する活動をしていると県行政が認定した企業の電気料金が下げられている。岩手県のこれまでの成果として、二〇一八年度から二〇二一年度までの四年間で延べ七七八件の利用があり、約六億八千万円の割引効果があったという(4)。富山県では、一八歳以下の子供を含む三人以上の家族の世帯を対象に電気料金を引き下げている。こちらは二〇一八年三五七四世帯、二〇一九年三六二六世帯の利用があったとされる。二〇一五年の時点で県内の三人以上の世帯が一万世帯ほどあるということから、こうした世帯での利用割合は三割強に上ったという。このように、電力会社、そして県行政の部局とも連携しながら企業局の独自の取り組みとして広く地域課題を視野に入れた取り組みが行われている。

次に県財政の一般会計や企業局の他会計への貸付や繰り出しである。四県とも売電を通じて得た利益を一般会計や企業局内の他の会計に貸付をしたり、繰り出しをしている。この取り組みでも県行政が行う環境保全やエネルギーに関わる分野に貸付や繰り出しを行い、再エネの普及拡大など、これらの分野における地域政策の補完的な財源として機能しているといえる。一例として、岩手県では年間概ね三千万円、長野県では省エネ支援を目的に年間五千万円が一般会計へ繰り出されているという。

そして、環境保全やエネルギーに関わる分野に限定されない地域課題の取り組みへの繰り出しもまた行われている。岩手県では「いわて復興パワー」の枠組みで一般会計への繰り出しも行っており、年間概ね一億円が繰り出されているという。長野県では一般会計に設けられている子供の学びなどを支援する「こども未来支援基金」に年間五千万円、「地方創生支援」のための基金として年間四億円を繰り出している。後者については、コロナ禍にあった二〇二〇年度において、県内学校へのＩＣＴ機器の配布などの財源に充てたという。富山県では文化・スポーツ振興や地域活性化の取り組みなどの支援を目的に一般会計内に「元気とやま未来創造基金」を設置し、売電益から年間四億円ほどを繰り出しているという。島根県では企業局内の他会計への資金移転も積極的に行っているという。

もう一つ、地域における小水力発電の普及拡大等の取り組みも挙げられる。これは、地域で小水力発電等に取り組まれる際に相談を受けてなされる技術的助言や固定価格買取制度（ＦＩＴ）を適用した場合の資金に関するシミュレーションの提示や、市町村でエネルギービジョンの策定を支援するなど、地域からの相談や要請を受けて対応する取り組みであり、規模としてはあまり大きくないものである。聞き取り調査では、いくつかの県で地域から相談があれば受けられる状況にあるが、実際には地域からなかなか相談が来ないことを伺った。その理由として、電力会社に相談に行ったり、小水力発電等の実装を図る・それらに関わるサービスを提供する企業に相談に行っているのではないかとのことであった。

そうした中で、島根県ではこれまでに累計で十件程度の実績があるという。戦後から一九五〇年代にかけて県内の農業用水で導入されていた小水力発電が改修時期を迎えており、地域でこれらに取り組む際に、企業局が技術的助言を行うとともに、改修後にＦＩＴを適用する場合のシミュレーションを示したという[5]。また、長野県は地域での小水力発電の導入に対応する体系的な取り組みが行われている。長野県では県の環境部局や農政部局などと企業局が連携して「小水力発電キャラバン隊」を組んでおり、小水力発電に関心がある地域や潜在的な可能性がある地域へ出向いて相談会を開き、技術や経営に関する助言などを行っているという[6]。

上述した電気事業を主体とした森林保全の取り組みや一般会計への繰り出しを通じた環境政策、エネルギー政策への支援とともに、地域における小水力発電の普及の取り組みは、目下地域でも主要課題の一つになっている地球温暖化対策防止・脱炭素化を図る取り組みに大きく資することは確認しておきたい。国の温暖化防止計画、そして各県の計画では、脱炭素化を図る上で再エネの普及が主要課題の一つに掲げられるとともに、県の計画では再エネを活用した地域活性化の目的もまた掲げられている（岩手県二〇二三、長野県二〇二三）。特に岩手県の計画では、環境省が提示した「地域循環共生圏」に即した「北岩手循環共生圏」が事例として挙げられており、県電気事業の水力発電所で発電された電力がこの地域の地域新電力に卸供給されることで再エネの地産地消を図るとともに、このことを核とした循環共生圏の構築が目指されるなどの内容が盛り込まれている[7]。そして、岩手県や長野県、島根県の調査で把握した地域での小水力発電の導入やエネルギービジョンの策定への関与は、技術や経営、政策に関する知識や知見を活用したソフト面からの支援といえる。本節で議論した各県の電気事業の取り組みは、脱炭素社会の実現という目下の課題への取り組みに対して大きく資するものであり、今後もそうした役割を果たしていくことが期待できる。

最後に、以上の地域連携の取り組みを行う上で県行政や電力会社との連携の有無についても項目として立てた。これまでにいくつかの県の取り組みについて触れる中でも述べてきたが、四県とも県行政の関連部局との連携を図っており、また岩手県や富山県の取り組みにみられるように、電力会社とも連携しながら地域貢献の取り組みが行われている。

以上、県営電気事業による地域貢献活動について述べた。売電益を用いた環境保全や再エネの普及拡大の取り組みに加えて、一般会計へ繰り出すことで財源面から県が行う各種の地域政策を支えていたり、電気事業が有する知識や知見を活用した地域での地球温暖化防止、脱炭素化の推進といった取り組みも行っている。再エネの利活用を核とした公営電気事業の取り組みは、広く地域課題や地域づくりに資する活動に取り組んでいることが伺える。

おわりに

本稿では、人口減少地域を念頭に置きながら再エネと地域再生のテーマを掲げて議論してきた。これらの地域において社会資本の改修・更新をめぐる課題や人口減少が進展することで税収ならびに料金収入が減っていくといった課題や担い手確保の課題に取り組んでいく上で、エネルギーが一つのポイントとして注目されており、地域にある再エネを利活用することで地域内経済循環を構築し、地域の維持、再生、活性化を果たしていくというアイデアが提示されてきた。こうした取り組みをめぐって、日本版シュタットベルケというモデルも提示されている。

本稿が注目した人口減少地域における公営電気事業は、上記の課題やこれらの課題に取り組む上で提示されたエネルギーを核とした地域の維持や再生というアイデア、モデルに近い活動を行っているといえる。水力発電を核とした発電事業を行うことで得られる売電収入を元に、電気事業自体の活動として森林保全など水力発電に関わる分野で活動が行われるとともに、売電収入を一般会計等に繰り入れることを通じて、県行政が行う環境政策を財政的に支援したり、環境にとどまらず働き方改革や子育て支援など県が掲げる目標を追求する動きや関連する政策を財政的に支援している。そして、これらの取り組みと比べれば目立たない活動かもしれないが、公営電気事業が地域における再エネの普及やエネルギー計画の立案に関わり、公営電気事業に蓄積された知識・知見をもってこれらの取り組みを支援するというソフト面からの支援活動も見逃すことはできない。こうした公営電気事業の諸活動は、冒頭で確認した人口減少地域における地域課題への取り組みで課題とされる財源の確保とこうした課題に取り組む事業体などの主体の確保に対応する取り組みであり、それぞれの地域が直面する諸課題に対して直接的にも間接的にも働きかけを行っているといえる。そして、公営電気事業による環境保全の分野での活動については、もはや地域における主要課題の一つに位置づけられた地球温暖化防止・脱炭素化の取り組みにも資する取り組みであり、これらの分野において公営電気事業はこれらの課題に対して直接働きかけを行う実践機関の一つとなって活動しているといえるであろう。

冒頭で述べたように、公営電気事業は地方公営企業でも電気事業でも事業数、発電規模ともにごく小規模にとどまっていることもあり、いずれの分野でも無視されてきたに等しい扱いがなされてきた。本稿で述べてきたように、今後の地域の維持や再生を考える際に重要であり、かつ示唆がある活動を行っている。先述したように、国土形成計画ではローカルマネジメント法人の考え方が示され、そのモデルの一つとして日本版シュタットベルケが提示されるとともにこれが本格的に検討される段階にある中で、公営電気事業の活動は日本版シュタットベルケを含むローカルマネジメント法人のあり方を検討する際にも示唆があるであろう。公営電気事業をめぐっては、以前当事者から「県政の補完的役割」を果たしているという指摘がなされた（長野県企業局編一九八八）。今回調査対象とした四県の電気事業は、県行政部局などと連携して地域貢献に取り組んでいる点で今もこうした役割を果たしているといえる。しかし、「補完」の意味する内容が県行政部局が行う地域政策をサポートするという内容だと理解するのであれば、字面通りに捉えることには慎重であるべきであろう。

それでは、公営電気事業を含む地方公営企業が日本版シュタットベルケの担い手になれるであろうか。筆者は繰出金制度など現在の地方公営企業をめぐる制度の下では、地方公営企業がその担い手になることは難しいと考える(8)。現在の制度下では、本稿で注目した四県の県営電気事業が行っているような一般会計等への貸付や繰り出しを通じた地域の主体への財政的な支援や、公営電気事業に蓄積されてきた知識・知見を活用した支援が現実的であり、地域の主体で構成されるプラットフォームを構成する一主体として参加し、機能していくことが期待できるのではなかろうか（諸富ほか二〇二三）。

また、こうした公営電気事業の取り組みは、今回調査対象とした各県においても概して評価が高い。特に各県の県議会では、売電益の一般会計への繰り出しについて評価がなされるとともに相応の関心がもたれており、その使途についての質疑がなされてきている。こうした質疑の中には、一般会計への更なる繰り出しを求めたり、現在繰り出しがなされている分野を広げていくことを求める意見も示されてきた。こうした動向については、先行研究レビューの個所で述べたように、地方公営企業が利潤を追求するスタンスが強くなることは望ましくないという主張もなされてきたことに留意が必要であり、また公営電気事業の事業の核である水力発電の施設そのものが改修・更新期を迎えており、少なくとも現在、そしてここ数年の期間においては、公営電気事業が今後も活動を継続していくために多くの資金を必要としていることをまず検討する必要があるであろう(9)。

ここで述べた公営電気事業をめぐる実情やそれらに起因する課題と考えられることも、再エネを核とした地域の維持や再生のための財源や主体の確保に関わる課題である。本稿では公営電気事業を手掛りに再エネを核とした地域の再生や維持についての議論を試みたが、こうした議論や検討は日本版シュタットベルケを一つのモデルにローカルマネジメント法人が今後の地域を支えるあり方として国土形成計画に挙げられ、本格的に検討する段階に至りつつある状況では、公営電気事業に限らず、地域新電力などをはじめとした地域の事業体や主体についても必要になると考える。

付記

本稿は日本地方自治学会二〇二二年大会共通論題「自治体とエネルギー政策」で報告した内容を元に執筆した拙稿（二〇二三b）に大幅に加筆修正を施した論文である。本稿を執筆するにあたり、地方公営企業連絡協議会による令和二年度ならびに令和四年度の調査研究事業とＪＳＰＳ科研費23K11544の助成を受けた。本稿を執筆する際に岩手県、富山県、長野県、島根県の各企業局の皆様、そして久慈地域エネルギー会社の皆様より多大なご協力を得た。また、日本地方自治学会二〇二二年研究大会で報告をした際には金井利之先生をはじめ参加者の先生方からコメントをいただくとともに、別の場で報告をした際に菅原敏夫先生、宇野二朗先生からもコメントをいただいた。深謝申し上げる。いただいたコメントについては今後検討するべき課題も含まれており、それらについては今後の研究の中で取り組んでいきたいと考えている。最後に、本稿における誤りがあれば全て筆者に帰する。

注

（1）四県の電気事業の聞き取り調査は二〇二〇年一〇月から一一月にかけて実施した（一〇月一六日に長野県企業局［オンラインで実施］、一〇月二一日岩手県企業局、一〇月三〇日富山県企業局、一一月一一日島根県企業局）。その後、二〇二二年九月八日に岩手県企業局、同年一一月一〇日に長野県企業局で新たに調査を実施した。

（2）いずれも二〇一五～二〇二〇年度のデータである。総務省ホームページ「令和二年度決算　経営比較分析表」の「経営指標算出元データ」中の電気事業（法適用事業）における年間電灯電力料収入（計）と営業収益の比率をそれぞれの県について算出した。

（3）岩手県の事例については岩手県ホームページ『「いわて復興パワー」による電気料金割引の募集について』、

同ホームページ『いわて復興パワー』による関連施策の財政的な支援」などを参照。富山県の事例については、富山県企業局ホームページ「企業局子育て支援事業『とやまっ子すくすく電気』のお知らせ」を参照。

（4）岩手県議会令和四年二月定例会予算特別委員会会議記録（第七号）（令和四年三月一六日）における企業局経営企画課長の答弁より。

（5）島根県を含む中国地方では戦後以降農協を中心とした小水力発電が盛んに取り組まれてきた経緯がある。こうした取り組みについては秋山（一九八〇）や永井ほか（二〇〇九）などを参照のこと。

（6）長野県ホームページ「小水力発電キャラバン隊について」、赤羽（二〇一八）を参照。

（7）岩手県では二〇一九年度から保有する水力発電所の電力について公募プロポーザル方式に基づいた売電を行っており、そのうちの二つの発電所については公募プロポーザルの対象を地域新電力に限定した売電を行っている（拙稿二〇二三a）。このうち岩手県営滝発電所で発電される電力はこれまでに久慈市にある久慈地域エネルギー株式会社へ供給をしている（二〇二一年九月九日久慈地域エネルギー株式会社への聞き取り調査）。

（8）詳細は拙稿（二〇二三b）を参照のこと。

（9）各県の県議会で行われている質疑の具体的な内容と、売電益の利用に関する筆者の考えの詳細については拙稿（二〇二三b）を参照されたい。

参考文献・資料

赤羽又三郎（二〇一八）「地域主導型の小水力発電事業を部局横断で支援する『小水力発電キャラバン隊』」『森林技術』第九二一号

秋山武（一九八〇）「農協小水力発電の歴史と問題点」『協同組合経営研究月報』第三二三号

石倉研・山下英俊（二〇一五）「都道府県単位で見た再生可能エネルギー利用の特徴と課題：全国市区町村アンケートの結果から」『一橋経済学』第八巻第一号

稲垣憲治（二〇二二）『地域新電力―脱炭素で稼ぐまちをつくる方法』学芸出版社

岩手県（二〇二三）「第二次岩手県地球温暖化防止対策実行計画（令和五年三月改訂）」https://www.pref.iwate.jp/_res/projects/default_project/_page_/001/067/151/01_revised_version_of_the_2nd_ipgwcap.pdf（二〇二三年九月二五日閲覧）

岩手県ホームページ「『いわて復興パワー』による電気料金割引の募集について」https://www.pref.iwate.jp/kigyoukyoku/1035396/1026849.html（二〇二三年九月二五日閲覧）

岩手県ホームページ「『いわて復興パワー』による関連施策の財政的な支援」https://www.pref.iwate.jp/kigyoukyoku/1035396/1015386/index.html（二〇二三年九月二五日閲覧）

岩手県議会会議録検索データベース　https://www3.pref.iwate.jp/gikai/user/www/（二〇二三年九月二五日閲覧）

宇野二朗（二〇一九）「これからの地方公営企業はどのように位置づけられるべきか」『都市問題』第一一〇巻第一一号

太田隆之（二〇二二）「近年の公営電気事業をめぐる課題に関する研究」『静岡大学経済研究』二七巻二号

太田隆之（二〇二三ａ）「近年の公営電気事業をめぐる『売電価格問題』とそれに対する対応―岩手県・長野県の電気事業の事例検証―」『静岡大学経済研究』二七巻四号

太田隆之（二〇二三ｂ）「再生可能エネルギーと地域再生―公営電気事業に注目して―」『京都大学大学院経済学研究科　再生可能エネルギー経済学講座　ディスカッションペーパー』第四五号

神尾文彦（二〇一六）「地方公営企業の地域複合経営に関する考察」『公営企業』第四七巻第一二号

環境省ホームページ「環境省ローカルSDGs　地域循環共生圏」http://chiikijunkan.env.go.jp/shiru/（二〇二三年九月二五日閲覧）

環境省ホームページ「環境省ローカルSDGs　地域経済循環分析」http://chiikijunkan.env.go.jp/manabu/bunseki/（二〇二三年九月二五日閲覧）

公営電気事業経営者会議ホームページ「地域への貢献」
https://www.koueidenki.org/local/index.html（二〇二三年九月二五日閲覧）
国土交通省（二〇二三）「国土形成計画（全国計画）」
https://www.mlit.go.jp/kokudoseisaku/content/001621775.pdf（二〇二三年九月二五日閲覧）
白石智宙（二〇二三）「シュタットベルケ研究の整理と課題」『京都大学大学院経済学研究科　再生可能エネルギー経済学講座　ディスカッションペーパー』第五一号
杉山範子（二〇一三）「エネルギーシフトに向けて地方自治体や公営企業が果たすべき役割：欧州の事例から」『公営企業』第四五巻第九号
総務省（二〇一七）「公営企業の経営のあり方に関する研究会報告書」
https://www.soumu.go.jp/main_content/000473607.pdf（二〇二三年九月二五日閲覧）
総務省ホームページ「令和二年度決算　経営比較分析表」
https://www.soumu.go.jp/main_sosiki/c-zaisei/kouei/r02keieihikakubunsekihyo.html（二〇二三年九月二五日閲覧）
富山県議会ホームページ「会議録の検索と閲覧」　https://www.pref.toyama.dbsr.jp/index.php/
富山県企業局ホームページ「企業局子育て支援事業『とやまっ子すくすく電気』のお知らせ」
https://www.pref. toyama.jp/7104/kendodukuri/jougesuidou/suidou/kj00018993.html（二〇二三年九月二五日閲覧）
永井健太郎・中村修・畑中直樹（二〇〇九）「中国地方の小水力の歴史」『長崎大学総合環境研究』第一二巻第一号
中島正博（二〇二三）「地方公営企業の会計」、平岡和久ほか編『入門地方財政』自治体研究社所収
長野県（二〇二三）「長野県ゼロカーボン戦略」

https://www.pref.nagano.lg.jp/kankyo/keikaku/zerocarbon/documents/00zerocarbon_hontai_r4re.pdf（二〇二三年九月二五日閲覧）
長野県企業局編（一九八八）『県営電気事業三〇周年記念誌　県営電気の灯をともして三〇年』
長野県ホームページ「小水力発電キャラバン隊について」https://www.pref.nagano.lg.jp/zerocarbon/sai-ene/suiryoku/caravan.html（二〇二三年九月二五日閲覧）
藤山浩（二〇一五）『田園回帰一％戦略』農山漁村文化協会
増田寛也（二〇一四）『地方消滅』中央公論新社
増田寛也・冨山和彦（二〇一五）『地方消滅　創生戦略篇』中央公論新社
諸富徹（二〇一八）『人口減少時代の都市』中央公論新社
諸富徹・稲垣憲治・太田隆之・白石智宙（二〇二二）「地域プラットフォームとしての日本版シュタットベルケ—圏域単位での持続可能な地域発展を担う主体とは—」『地方財政』六二巻六号

（おおた　たかゆき・地方財政・地域政策）

Ⅳ　学会記事

◇日本地方自治学会　学会記事

一　研究会

二〇二二年度日本地方自治学会の研究会・総会は、一一月五日（土）・六日（日）、同志社大学今出川校で開催された（オンライン参加も可能）。

【一日目　一一月五日（土）】

(1)　日韓交流セッション

一〇時〇〇分～一二時〇〇分

「日本の政府間関係論の現在」　小原隆治（早稲田大学・日本地方自治学会理事長）

「韓国の超高域メガシティーの現状と課題」　蘇　淳昌（建国大学・韓国地方自治学会会長）

司会　川瀬憲子（静岡大学）

一二時〇〇分～一二時三〇分　総会

一三時三〇分～一六時三〇分

(2)　共通論題Ⅰ「自治体とエネルギー政策」

※日本地方自治学会・日本学術会議共同開催

挨拶　　　　　　　　　　　　　　　　　大山耕輔（慶應義塾大学）

「エネルギー政策における自治体の役割―原子力と再生エネルギーの場合」

城山英明（東京大学）

「再生可能エネルギーと地域再生―公営電気事業に注目して」

太田隆之（静岡大学）

「太陽光発電設備の設置をめぐる法的論争」

黒坂則子（同志社大学）

「五島市の再生可能エネルギーへの取り組み」

野口市太郎（長崎県五島市長）

コメンテーター　金井利之（東京大学）

司会　磯崎初仁（中央大学）

【二日目　一一月六日（日）】

九時〇〇分～一二時〇〇分

(1)　分科会

分科会Ⅰ「まちづくり行政の現状と課題」

「自治権としてのまちづくり権の法的性質とその課題」

長内祐樹（金沢大学）

「空家対策の課題と今後の展望―市場・地域・政府による解決の有効性と限界」

「『管理型』都市計画の担い手と手法」
岩崎　忠（高崎経済大学）
コメンテーター　内海麻利（駒沢大学）
玉野和志（東京都立大学）
司会　権　奇法（愛媛大学）

分科会Ⅱ「人口減少地域の自治とサービス」
「小規模自治体の社会的持続性と自治―長野県宮田村の事例をてがかりに」
山岸絵美理（大月市立大月短期大学）
「小規模自治体の教育財政と地域振興」
小泉和重（熊本県立大学）
「農山村自治体における公共サービスと「共助」をめぐって―「小さな拠点」形成事業を事例に」
関　耕平（島根大学）
コメンテーター　平岡和久（立命館大学）
司会　碇山　洋（金沢大学）

分科会Ⅲ「公募セッション（自由論題）」
「ニュータウンの盛衰を経たコンパクトシティの岐路―秋田市とドイツ・ハレ市」
寺迫　剛（ノースアジア大学）

コメンテーター　馬場　健（新潟大学）
司会　大谷基道（獨協大学）

(2)　一三時三〇分～一六時三〇分

共通論題Ⅱ「自治体と民主主義」

「民意と住民投票条例」

「住民自治の実践と結果としての現状―旧京都府大宮町の村づくり委員会の取組を事例として」

藤島光雄（福知山公立大学）

藤井誠一郎（大東文化大学）

「施政権の分離と返還―沖縄と日本の民主主義」

島袋　純（琉球大学）

コメンテーター　佐藤　学（沖縄国際大学）

司会　北見宏介（名城大学）

二　総会

二〇二二年度日本地方自治学会総会は、二〇二二年一一月五日(土)、同志社大学今出川校（オンライン参加も可能）で開催され、二〇二一年度決算・会計監査、二〇二二年度予算、役員について審議し、承認された。

◇日本地方自治学会　年報「論文」・「ノート」公募要領

日本地方自治学会年報編集委員会
二〇〇六年一一月一一日総会にて承認
二〇一九年七月二〇日理事会にて変更

日本地方自治学会では、学会創立二〇周年を記念して、年報・地方自治叢書第二〇号（二〇〇七年一〇月刊）から、『年報』という発表の場を広く会員に開放することと致しました。

叢書の総頁数の関係で、「論文」「ノート」は最大三本までの掲載に限られますが、このことにより、学際的な本学会の特徴をより明確にし、年報の充実により、多角的な視点による地方自治研究の水準をさらに引き上げていきたいと考えます。

つきましては、以下の要領にて「論文」「ノート」を公募しますので、積極的にご応募ください。

一　応募資格

毎年一一月末日現在での全ての個人会員（一度掲載された方は、その後二年間応募をご遠慮いただくこととします）。

二　テーマ・内容

地方自治をテーマにしていれば、内容は応募者の自由としますが、日本語で書かれた未発表のもの（他の雑誌等に現在投稿中のものは応募できません）とし、「論文」または「ノート」のいずれか一点に限ります。

「論文」は、知見の新しさなどを求める学術論文を対象とし、「ノート」は、研究の中間段階でありながら一定のまとまりを持つものや学術的関心に支えられた行政実務についての論述など、地方自治研究を刺激することが期待されるものを対象とします。

三　原稿枚数

「論文」については、二四、〇〇〇字（四〇〇字詰原稿用紙六〇枚）以内、「ノート」については、一二、〇〇〇字以上一六、〇〇〇字未満（四〇〇字詰原稿用紙三〇枚以上四〇枚未満）とします。字数には、表題・図表・注・文献リストを含みます。

四　応募から掲載までの手続き

① 意思表示

応募者は、毎年一二月末までに、原稿のプロポーザル（A四、一頁、一、二〇〇字程度）を、「封書」で、表に「日本地方自治学会論文・ノート応募」と明記の上、下記日本地方自治学会年報編集委員会委員長宛にお送りください。

プロポーザルには、何をいかなるアプローチで明らかにしようとするのか、内容のおおよその構成とその素材について説明してください。「論文」と「ノート」のどちらでの掲載を希望しているのかについても明記してください。

プロポーザルと実際の応募原稿の内容が大幅に異なる場合には、原稿を受理致しません。

応募の意思表示をされた方には、プロポーザル受理の通知とともに、応募件数の状況、執筆要領をお送りします。

・プロポーザル送付先　日本地方自治学会年報編集委員会委員長

〒一〇一―八三〇一　東京都千代田区神田駿河台一―一　駿河台研究棟二〇五号室

明治大学政治経済学部　牛山久仁彦

② 応募原稿の締め切り期日

翌年の二月中旬必着とします。上記日本地方自治学会年報編集委員会委員長宛に、執筆要領に従った完全原稿とそのコピー一部、計二部を、郵送してください。それ以外の方法では受け取りません。

③ 応募者の匿名性確保のための作業

二月下旬に、年報編集委員会が、査読に当って応募者を判らないようにするため、応募「論文」「ノート」の一部について、必要最小限のマスキング（黒塗り）を施すことがあります。応募にあたっては、このマスキングがなされても、論旨を損なわないよう、引用・注等に配慮した執筆をお願いします。

④ 審査方法

三月に入ると、年報編集委員会が、応募のあった「論文」「ノート」各一編につき、匿名で、三名のレフェリー（査読者）を委嘱し、およそ、一ヶ月間、審査をお願いし、その審査結果をもとに、掲載の可否を決定します。

三名のレフェリーのうち、二名以上が掲載可と判定した場合は、掲載できるとの原則で運用します。

しかし、年報への掲載可能本数は「論文」「ノート」あわせて、最大三本と見込まれるため、場合によっては、次年度号への掲載となる場合があります。

⑤　審査基準

「論文」については、主題の明晰さ、命題・事実・方法などにおける知見の新しさなどを基準とし、地方自治学会年報に掲載する学術論文としての適切さを審査します。査読結果によって、掲載可となる場合でも、「論文」ではなく、「ノート」として掲載可となることもあります。また、掲載の条件として修正が求められた場合には、再査読が行われます。

「ノート」については、論述が整理されていること、調査研究を刺激する可能性のあることなどを基準とし、提出された時点での完成度について、地方自治学会年報に掲載する「ノート」としての適切さを審査します。

但し、年報への掲載可能本数が「論文」「ノート」あわせて、最大三本であるため、掲載にあたっては「論文」を優先し、「掲載可」とされた「ノート」であっても、年報編集委員会がレフェリーによる相対評価に基づいて優先順位をつけ、順位の低い「ノート」の掲載を次年度号に送る判断をすることがあります。

また、掲載の条件として修正が求められた場合には、再査読が行われます。

⑥　掲載可となった原稿の提出
早ければ五月初旬、再査読が必要になった場合でも、六月初旬には、年報編集委員会から応募者に対して、掲載の可否についての最終の連絡をします。

掲載否の場合は、レフェリーの判断を年報編集委員会にて取りまとめたうえ、応募者に文書にて通知します。

掲載可の場合は、年報編集委員会からの通知を受けて、六月末日までに、日本地方自治学会年報編集委員会委員長宛に、完全原稿一部とその電子情報（ワード）を添付ファイルにて提出してください。

⑦　校正等
年報は、一一月下旬までの刊行を目指しますが、その間に、著者校正を二回程度お願いします。

五　その他
公募論文の年報への掲載に際しては、年報編集委員会による簡単な応募状況などの報告のみを付します。

以　上

編集後記

発刊が遅れ、会員の皆様には、大変ご迷惑、ご心配をおかけいたしましたが、年報第三十六号をお届けいたします。本来であれば、一年前に刊行しておらねばならなかったものであり、あらためてお詫び申し上げます。第三十六号は、「自治体と民主主義」と題しまして、自治体に求められる民主主義のあり方について、特集Ⅰで、沖縄問題や住民投票、地域づくりについて、貴重な論考をお寄せいただきました。また、特集Ⅱでは、まちづくりのあり方を、特集Ⅲでは、自治体の持続可能性について論じていただいております。地方自治をめぐっては、ポスト・コロナの状況下での集権化の動きや激甚災害など、厳しい現状がありますが、そうした問題状況に応える議論に、本年報が貢献できれば幸いです。

（日本地方自治学会年報委員長　牛山 久仁彦）

【執筆者一覧（執筆順）】

島袋　　純	（しまぶくろ　じゅん）	琉球大学教授
藤島　光雄	（ふじしま　みつお）	大阪経済法科大学教授
藤井　誠一郎	（ふじい　せいいちろう）	立教大学准教授
長内　祐樹	（おさない　ひろき）	金沢大学教授
内海　麻利	（うちうみ　まり）	駒澤大学教授
岩﨑　　忠	（いわさき　ただし）	白鷗大学教授
山岸　絵美理	（やまぎし　えみり）	大月市立大月短期大学准教授
太田　隆之	（おおた　たかゆき）	静岡大学教授

自治体と民主主義　〈地方自治叢書36〉

2024年12月25日　初版発行

定価はカバーに表示してあります

編　者　日本地方自治学会
発行者　竹内基雄
発行所　㈱　敬文堂

東京都新宿区早稲田鶴巻町538
電話　(03) 3203-6161（代）
FAX　(03) 3204-0161
振替　00130-0-23737
http://www.keibundo.com

印刷／信毎書籍印刷株式会社　製本／有限会社高地製本所

ISBN978-4-7670-0264-4　C 3331

〈日本地方自治学会年報〉既刊本

地方自治叢書〈1〉 転換期の地方自治

本体二四〇〇円

日本地方自治学会の設立に当たり**柴田徳衛**／地方自治論の課題と展望**兼子仁**／現代社会と地方自治**宮本憲一**／地方自治史研究の成果と課題**大石嘉一郎**／行政学の立場から**寄本勝美**／社会学の立場から**似田貝香門**／転換期のアメリカ政府間関係**新藤宗幸**／転換期の地方自治**伊東弘文**／町づくりにおける住民参加の歴史的経過をたどって**片方信也**／転換期の意味と主体の問題**矢澤修次郎**／イギリス地方税改革と地方自治の再編**北村裕明**／アメリカの市民参加**寄本勝美**／公共性の現代的展開**似田貝香門**／「東京の行政と政治」研究ノート**佐々木信夫**／書評

地方自治叢書〈2〉 日本地方自治の回顧と展望

本体三〇〇〇円

戦後地方自治雑考**阿利莫二**／私と地方自治**杉村敏正**／明治地方自治の国際的性格**山田公平**／都市自治一〇〇年における関一**芝村篤樹**／昭和期における府県制度改革**天川晃**／地方自治の継受と公益事業制策について**今井清一**／日本の地方自治の「独自性」**宮本憲一**／戦後日本政治分析における多元主義理論と中央地方関係**佐藤俊一**／八〇年代の不動産資本・土地市場の動向と都市の変貌**宮野雄一**／岐路にたつ都市社会運動**吉原直樹**／イタリアの都市自治と住民参加**宗田好史**／台湾の地方財政**川瀬光義**／韓国における住民参加制度について**鄭相干**／タイの地方自治と住民参加**橋本卓**／書評

地方自治叢書〈3〉 広域行政と府県

本体二六二二円

地方自治と私**足立忠夫**／「行革」・広域行政と府県**都丸泰助**／府県と自治体連合の可能性**鳴海正泰**／農山村地域と広域行政**保母武彦**／都市計画の立場からみた都道府県と広域行政**石田頼房**／自治的広域行政機構の条件**岩崎美紀子**／福祉行政事務の地方移譲の法的問題点**芝池義一**／イギリス地方税制改革の基本的枠組**星野泉**／フランスにおける地方債の自由化**青木宗明**／ニュージーランドにおける政府間関係の動向**藤井浩司**／都市ポランタリズムとコミュニティ**渡戸一郎**／書評

地方自治叢書〈4〉 世界都市と地方自治

本体二九一三円

私と地方自治**柴田徳衛**／世界都市の挑戦**K・タブ**（**横田茂訳**）／英国地方税制の改革と地方団体の反発**竹下譲**／「世界都市・TOKYO」の特質とその構造的矛盾**寺西俊一**／都市の産業構造からみた世界都市論**青木圭介**／世界都市の理論化と問題点**中邨章**／新しい中央地方関係論へ**笠京子**／補助金と地方自治**鶴田廣巳**／地方自治と住民参加**鵜飼照喜**／タイにおける過疎農村地域開発と地方政府の役割**M・サングスカル**（**小池治訳**）／人口過疎地域における地方自治体の役割と機能**E・パディラ**（**中村・小池・中邨訳**）

地方自治叢書〈5〉 条例と地方自治

本体二七一八円

学会誌第五号の発行にあたって**佐藤竺**／私と地方自治**加藤一明**／研究会「条例と地方自治」のまとめ**兼子仁**／地方自治の展開と条例の諸傾向**吉田善明**／まちづくりと条例**三橋良士明**／都市憲章条例への期待**富野暉一郎**／自治体条例論をめぐる枠組みの再検討**五十嵐敬喜**／自治体における選択基準の実際**江口清三郎**／自治体財政における公会計システムについて**兼村高文**／選挙区割における地方性重視の可能性**小林幸夫**／真鶴町まちづくり条例論**五十嵐敬喜**／韓国の民主化と地方自治**盧隆煕**／日・韓地方自治比較の問題点**山田公平**／書評

地方自治叢書〈6〉

地域開発と地方自治

本体二七一八円

全国総合開発計画三〇年を検討する**宮本憲一**／自治の思考の転換**河中二講**／「持続する発展」をもとめて**宮本憲一**／リゾート開発と地方自治**今里滋**／地域開発と地方自治**渡名喜庸安**／地域環境時代の地域開発と地方自治**中村剛治郎**／グローバル・リストラと地域開発**佐々木雅幸**／孫文の建国構想における地方自治と台湾の地方行財政**川瀬光議**／三新法体制における参加と統制の制度構造**小原隆治**／住民自治の歴史的展開**玉野和志**／都市再開発とネイバーフッド・リバイタリゼイション**白石克孝**／書評

地方自治叢書〈7〉

都市計画と地方自治

本体二七一八円

第七巻発刊にあたって**宮本憲一**／私と地方自治**横山桂次**／わが国都市計画の新次元への挑戦**三村浩史**／改正都市計画法―行政手続法―開発指導**鈴木庸夫**／都市計画のマスタープランとまちづくりの課題**片方信也**／合衆国の都市改造の経験とその教訓**遠州尋美**／一九九二年都市計画法、建築基準法改正に寄せて**北原鉄也**／都市環境形成の課題**安木典夫**／まちづくりにおける自治会・企業・支所の役割**今川晃**／わが国の都市計画行政と市町村マスタープランの創設**丸山康人**／発展途上国における地方分権化**山崎圭一**／ポスト福祉国家と新都市社会学の展開**西山八重子**／書評

地方自治叢書〈8〉

現代の分権化

本体二七一八円

学会誌第八巻の発刊に当たって**室井力**／私と地方自治**佐藤竺**／現代地方分権論の文脈**加茂利男**／立法学からみた地方分権推進法**五十嵐敬喜**／地方分権と税財政制度改革**遠藤宏一**／地方分権―五つの関心**水口憲人**／討論「社会福祉分野からのコメント」**武田宏**／戦時・占領期における集権体制の変容**市川喜崇**／伊勢湾沿岸域開発と地方自治**鈴木誠**／地方政府再編に関する一考察**牛山久仁彦**／フランス州財政の諸問題**中西一**／外国人居住者と日本の地域社会**田嶋淳子**／都心居住にみる自治体の施策と課題**市川宏雄**／書評

地方自治叢書〈9〉

行政手続法と地方自治

本体二七〇〇円

私と地方自治**吉岡健次**／行政手続法と地方自治**本多滝夫**／行政手続法と地方自治**今村都南雄**／行政手続法と地方自治**塩崎賢明**／報告に対するコメント**見上崇洋**／水資源開発と地方自治**小森治夫**／韓国における工業団地開発と都市財政**鄭徳秀**／書評

地方自治叢書〈10〉

機関委任事務と地方自治

本体二八〇〇円

私と地方自治**宮本憲一**／「機関委任事務」法論と地方自治**白藤博行**／機関委任事務廃止の意味**辻山幸宣**／機関委任事務と財政改革**坂本忠次**／社会セクター台頭の意味と可能性**白石克孝**／地方分権と地方財源**星野泉**／英国労働党政権の新地方自治政策**横田光雄**／書評

地方自治叢書〈11〉

戦後地方自治の歩みと課題

本体二九〇〇円

地方自治と私**室井力**／地方自治改革の軌跡と課題**山田公平**／分権的税財源システムの課題**伊東弘文**／戦後地方自治と革新自治体論**鳴海正泰**／震災復興と自治体財政**高山新**／英国の地方財政制度**稲沢克祐**／サンフランシスコにおけるアフォーダブル住宅**五嶋陽子**／書評

地方自治叢書〈12〉

介護保険と地方自治

本体二八〇〇円

私と地方自治研究**大石嘉一郎**／介護保険と市町村の役割**池田省三**／介護保険と地方財政**横山純一**／鷹巣町の福祉**岩川徹**／コミュニティ・ソリューションと市民・NPO**日詰一幸**／都市と農山村の連携におけるNPOの役割**松井真理子**／福祉改革・地方分権改革の中の生活保護行政**木原佳奈子**／広域連合制度の特質とその活用方途**原田晃樹**／書評

地方自治叢書〈13〉

公共事業と地方自治

本体二八〇〇円

地方財政危機と公共事業**関野満夫**／公共事業と地方自治**晴山一穂**／公共事業の分権**武藤博己**／地方分権一括法以後の地方自治**辻山幸宣**／韓国の地方分権の推進状況と課題**崔昌浩**／パラダイムの転換**竹下譲**／書評

地方自治叢書〈14〉

分権改革と自治の空間

本体二九〇〇円

私と地方自治**石田頼房**／分権改革**水口憲人**／環境行政における中央・地方の役割分担と協力**寄本勝美**／地方分権改革と広域行政**岩崎美紀子**／地域社会の側から見た地方分権と広域行政**富野暉一郎**／高齢者保健福祉政策と市町村の公的責任**水谷利亮**／自治体財政とキャッシュ・フロー会計**兼村高文**／基地問題と沖縄の自治**島袋純**／韓国地方自治制度の歴史と現行制度に関する一考察**李憲模**／英国における「地方自治の現代化」**森邊成一**／書評

地方自治叢書〈15〉

どこまできたか地方自治改革

本体二八〇〇円

新世紀における三重のくにづくり**北川正恭**／地方分権改革と地方税制**星野泉**／分権時代の法環境**久保茂樹**／分権化の行政改革**向井正治**／議員提出条例から見た県議会改革**小林清人**／韓国における地方議会の現状と活性化策**呉在一・朴恵子**／英国の自治体経営改革の動向**稲沢克祐**／現代デモクラシーのなかの住民投票**上田道明**／書評

地方自治叢書〈16〉
自治制度の再編戦略
本体二八〇〇円

地方自治と私**兼子仁**／自治史のなかの平成合併**山田公平**／自治体再編と新たな自治制度**島田恵司**／基礎的自治体と広域的自治体再論**人見剛**／都市・農村共生型財政システムをめざして**重森曉**／「西尾私案」と地方自治**白藤博行**／市町村合併に伴う選挙区制度設置と自治体内自治組織論**今井照**／市町村合併の検討過程と住民自治**小林慶太郎**／地方公共事業とＰＦＩ**森裕之**／書評

地方自治叢書〈17〉
分権型社会の政治と自治
本体二八〇〇円

二元的代表制の再検討**駒林良則**／自治を担う議員の役割とその選出方法**江藤俊昭**／自治体の財政的自立と税源移譲**兼村高文**／「地域自治組織」と自治体の政治**今井照**／イングランドにおける広域自治体の再編**馬場健**／ＮＰＯと資金問題**松井真理子**／地方政治のニューウェイブ**今里佳奈子**／韓国の住民投票制度について**姜再鎬**／書評

地方自治叢書〈18〉
道州制と地方自治
本体二八〇〇円

地方自治と私**山田公平**／《対談》都道府県自治をめぐって**増田寛也・今村都南雄**／道州制と北海道開発予算の現状・課題**横山純一**／道州制の考え方**稲葉馨**／道州制・都道府県論の系譜**市川喜崇**／「地域自治区」の法的位相**妹尾克敏**／自治の本質と価値**黒木誉之**／書評

地方自治叢書〈19〉
自治体二層制と地方自治
本体二八〇〇円

地方自治制度改革のゆくえ**加茂利男**／風土の上にある自治**松本克夫**／新時代の基礎自治体**岩崎美紀子**／個別行政サービス改革としての三位一体改革**金井利之**／地方分権改革の検証**垣見隆禎**／都市計画関係法令と条例制定権**大田直史**／ブラジル参加型予算の意義と限界**山崎圭一**／カナダの州オンブズマン制度と地方自治体の関係**外山公美**／書評

地方自治叢書〈20〉
合意形成と地方自治
本体二八〇〇円

地方自治体の国政参加権再論**人見剛**／基地維持財政政策の変貌**川瀬光義**／スイスの住民参加と合意形成—住民投票の可能性と限界**岡本三彦**／住民投票の歴史的展開**鹿谷雄一**／コミュニティ政策の課題**玉野和志**／地域コミュニティの現在**家中茂**／書評

地方自治叢書〈21〉

格差是正と地方自治

本体二八〇〇円

自治体の格差と個性に関する一考察山口道昭／二〇〇〇年代「教育改革」と教育を受ける権利竹内俊子／「地域格差」と自治体の再生岡田知弘／福島県商業まちづくり推進条例と「まちづくり三法」鈴木浩／指導要綱の条例化と住民の意向の反映内海麻利／ドイツの市民参加の方法「プラーヌンクスツェレ」と日本での展開篠藤明徳／地方財政調整交付金制度創設に関する論議中村稔彦／書評

地方自治叢書〈22〉

変革の中の地方自治

本体二八〇〇円

地方自治と私加茂利男／道路論争五十嵐敬喜／自治体議会改革を考える小林武／国と普通地方公共団体との間の行政訴訟寺洋平／自治基本条例における住民自治の必要性相澤直子／アメリカの交通まちづくりと持続可能な都市交通経営川勝健志／市民によるマニフェスト評価長野基／書評

地方自治叢書〈23〉

第一次分権改革後一〇年の検証

本体二八〇〇円

地方分権の法改革白藤博行／自治体の再編と地域自治今川晃／三位一体改革の帰結と財源保障制度の将来像武田公子／農山漁村地域における自治体財政の実態と課題桒田但馬／韓国における分権化政策の評価と課題呉在一／書評

地方自治叢書〈24〉

「地域主権改革」と地方自治

本体二八〇〇円

あらためて問われる「地域主権」改革今村都南雄／「地域主権改革」と住民自治人見剛／創造都市と都市文化景観佐々木雅幸／イギリスにおける自治体外部監査の制度的特徴長内祐樹／分権改革と政府間関係立岩信明／イングランドにおけるリージョナリズムの変化石見豊／書評

地方自治叢書〈25〉

「新しい公共」とローカル・ガバナンス

本体二八〇〇円

新しい公共における政府・自治体とサード・セクターのパートナーシップ原田晃樹／イギリスのパートナーシップ型地域再生政策の評価—第三の道とビッグソサイエティ金川幸司／ローカル・ガバナンスにおける地方自治体の議会改革新川達郎／議会改革・議会内閣制・ボランティア議会と住民の役割榊原秀訓／東日本大震災復興の理念と現実塩崎賢明／「国保被排除層」の生活保護問題藤井えりの／書評

地方自治叢書〈26〉

参加・分権とガバナンス

本体三〇〇〇円

地方自治と私**中邨章**／住民参加から住民間協議へ**島田恵司**／都市内分権とコミュニティ**横田茂**／自治体改革と都市内分権・市民参加**槌田洋**／高齢者介護と地方自治体の課題**横山純一**／貧困・地域再生とローカル・ガバナンス**山本隆**／復興過程における住民自治のあり方をめぐって**吉野英岐**／沖縄県における跡地利用推進特措法の意義と課題**林公則**／書評

地方自治叢書〈27〉

基礎自治体と地方自治

本体二八〇〇円

基礎自治体における財源減少時期の予算制度改革**稲沢克祐**／基礎自治体の変容**江藤俊昭**／東日本大震災における木造応急仮設住宅供給の政策過程**西田奈保子**／アメリカのコミュニティ開発法人**宗野隆俊**／イギリスの「大きな社会」下におけるサード・セクター組織の多岐的対応**清水洋行**／基礎自治体における市民参加型「公開事業点検・評価」活動の研究**長野基・牧瀬稔・廣瀬克哉**／書評

地方自治叢書〈28〉

自治体行財政への参加と統制

本体二八〇〇円

協働と地方自治**荒木昭次郎**／住民監査請求の課題と到達点**小澤久仁男**／債権放棄議決と住民訴訟制度改革論**大田直史**／三号請求訴訟の新たな可能性**杉原丈史**／日本におけるコミュニティ予算制度の考察**鈴木潔**／ドイツにおける市民予算の特性**宇野二朗**／書評

地方自治叢書〈29〉

地方創生と自治体

本体二八〇〇円

「地方創生」と農村**坂本誠**／地方創生と自治体間連携**本多滝夫**／地方公務員の権利・義務の変容**山下竜一**／高齢者の生活保障施策の動向と行財政**田中きよむ**／書評

地方自治叢書〈30〉

憲法の中の自治、自治の中の憲法

本体二八〇〇円

私と地方自治（記念講演）**今村都南雄**／辺野古新基地建設をめぐる法的争訟**徳田博人**／沖縄をめぐる政治**佐藤学**／公共施設の利用制限をめぐる法的問題**首藤重幸**／一八歳選挙権と主権者教育**小玉重夫**／自治体行政と人権保障**東川浩二**／書評

地方自治叢書〈31〉

地方自治研究の三〇年

本体三〇〇〇円

地方自治研究史私論**宮本憲一**／日本国憲法七〇年のもとでの自治と分権**白藤博行**／自治体学会と自治実践研究・分権改革**金井利之**／自治体周辺法人の法的考察**板垣勝彦**／官と民が担う合法ギャンブルの変遷**萩野寛雄**／教育政策における議会の役割**坂野喜隆**／「住民本位の予算書」のわかりやすさの規定要因の探索**佐藤徹**／書評

地方自治叢書〈32〉

自治の現場と課題

本体二八〇〇円

地方自治と私**辻山幸宣**／生活保護行政の法的統制**前田雅子**／政府間関係再編下の地方財政**川瀬憲子**／北陸新幹線後の金沢経済の分岐点**佐無田光**／地域の支え合い活動と事業者の既得権防御**嶋田暁文**／米国における公私主体による〝自治創造〟の動態の把握の試み**菊地端夫**／小規模自治体間連携**水谷利亮**／書評

地方自治叢書〈33〉

二〇四〇問題と地方自治

本体三〇〇〇円

安倍政権の成長戦略と「自治体戦略二〇四〇構想」**岡田知弘**／「自治体戦略二〇四〇構想」の問題点**真山達志**／社会的価値評価をめぐる非営利組織と自治体の役割**原田晃樹**／大規模インフラ事業と住民参加**野田崇**／災害時の共助と地域の絆との関係性**澤田道夫**／大災害に対する県の生活復興財政の分析と評価**桒田但馬**／地方自治からみた災害対策法制の課題**岡田正則**／書評

地方自治叢書〈34〉

地方自治の諸相

本体三〇〇〇円

地方公務員の非正規化とその影響**上林陽治**／地方公務員制度における地方公共団体の自律性**松村享**／地方自治体の芸術祭への関与についての行政法的検討**和泉田保一**／文化庁の補助金交付作用とあいちトリエンナーレ**北見宏介**／長野県内市町村の地域再生に向けて**中村稔彦**／自治体におけるパブリックコメントの積極的運用と首長の政治姿勢**吉岡久恵**／知事選挙における中央官僚出身者と政党の選挙戦略**米岡秀眞**

地方自治叢書〈35〉

現代社会の課題と地方自治

本体三〇〇〇円

地方自治と私**見上崇洋**／新型コロナ感染対策の法的課題（要請・命令・制裁）**稲葉一将**／自治体におけるデジタル・トランスフォーメーション推進の様態**松岡清志**／自治体行政のデジタル化と個人情報保護**庄村勇人**／自治体における庁舎前広場と住民の利用権**榊原秀訓**／住民と市町村議会の間のプリンシパル・エージェント関係を検証する**砂金祐年**／書評

（＊価格は税別です）